KB063270

인코텀즈 2020

무역왕 김창호

인코텀즈
2020

무역왕 김창호

이기찬 지음

중앙경제평론사

머리말

대학생들을 상대로 5회에 걸쳐 하루 3시간씩 도합 15시간 동안 무역을 가르친 적이 있다. 강의를 시작하면서 15시간만 배우면 누구나 당장 무역을 할 수 있다고 하자 학생들의 얼굴에는 믿을 수 없다는 표정이 역력했다. 대학 4년 동안 무역을 전공하고도 실무에 투입되면 헤매기 마련인데 15시간이라는 짧은 시간 동안에 무역을 마스터한다는 것은 불가능하다고 생각하는 것 같았다.

물론 15시간에 무역을 완벽하게 마스터하는 것은 불가능하다. 시중에서 판매되는 무역실무 교재에는 무역현장에서 오랫동안 일한 사람들도 정확히 이해하지 못하는 용어가 수두룩하다. 이유는 간단하다. 책에서는 일반적인 무역거래에는 거의 해당되지 않는 지엽적인 내용이나 무역회사에서 직접 처리하지 않는 부수적인 내용까지를 다루고 있기 때문이다.

무역을 학문적으로 연구하거나 시험을 준비하기 위한 목적이 아니라면 15시간은 결코 짧은 시간이 아니다. 무역현장에서 일하는 사람들 중에는 무역의 무자도 모르고 업무를 시작한 사람들이 수두룩하다. 실제로 무역현장에서 일하는 데 필요한 실무지식을 배우는 데는 그다지 많은 시간이 필요치 않다. 문제는 어떻게 효율적으로 무역을 배우느냐 하는 것이다.

책으로 무역을 공부하는 데는 한계가 있다. 아무리 읽어도 무슨 뜻인지 이해가 안 되는 부분이 너무 많다. 강의를 통해서 무역을 공부하는 데도 한계가 있다. 일방적으로 설명을 늘어놓는 강사를 상대로 질문을 통해서 모든 의문점을 해소하기에는 현실적으로 어려움이 많다. 이 책은 15시간에 걸쳐 실제로 강의한 내용을 대화체로 풀어씀으로써 무역의 전체적인 내용을 좀 더 쉽고 효율적으로 이해할 수 있도록 하였다.

무역현장의 다양한 모습을 소개하는 데 주안점을 둔《무역의 신》과 달리 이 책에서는 스토리라인을 최대한 배제하고 무역의 실무적인 내용을 풀어서 설명하는 데 주력하였다. 그런 측면에서 보면 이 책은《인코텀즈 2020 이기찬 무역실무》의 해설판이라고 해도 무방하다. 소설 속의 주인공들이 설명하고 묻고 답하고 이해하는 과정을 따라가다 보면 그동안 책이나 강의를 통해서 미처 이해하지 못했던 부분들이 명확해질 것이다.

'김창호'라는 이 책의 주인공 이름은 무역으로 기업을 일으킨 우리나라의 대표적인 무역인 세 분의 이름에서 따왔음을 밝혀둔다. 대우그룹 김우중 회장, 제세그룹 이창우 회장, 율산그룹 신선호 회장이 그분들이다. 비록 세 분 모두 유종의 미를 거두진 못했지만 그분들의 무역에 대한 뜨거운 열정이 우리나라가 전 세계 시장에서 무역강국으로 자리매김하는데 밑거름이 되었다는 사실을 잊지 않았으면 좋겠다.

이 책이 미래의 무역왕을 꿈꾸는 모든 이들에게 무역을 쉽게 이해할 수 있는 도구로 사용되기를 기원한다.

이기찬

차례

머리말 4

프롤로그 9

1강

**무역은
어떻게 하나**

일대일 과외를 시작하다 14

무역 업무의 전체적인 흐름을 파악하다 17

무역을 시작하기 전에 확인하고 준비해야 할 것들 28

아이템은 어떻게 개발하나 36

해외거래처는 어떻게 개발하나 42

신용조사는 어떻게 하나 48

계약조건이란 무엇인가 51

거래조건이란 무엇인가 56

정형거래조건이란 무엇인가 60

2강

**가격은
어떻게 정하나**

인코텀즈란 무엇인가 64

인코텀즈에 입문하다 68

인코텀즈의 감을 잡다 76

EXW와 FOB를 배우다 81

FAS와 FCA를 배우다 85

CFR, CIF, CPT, CIP를 배우다 89

DAP, DPU, DDP를 배우다 92

위험의 이전시점을 배우다 95

인코텀즈를 정리하다 101

3강

**결제는
어떻게 하나**

포장조건과 선적조건을 배우다 118

대금결제는 어떻게 하나 123

송금방식을 배우다 130

추심방식을 배우다 137

신용장방식을 배우다 143

환어음은 무엇인가 147

신용장의 종류를 배우다 153

신용장서식을 배우다 163

4강

**계약은
어떻게 하나**

계약조건을 마무리하다 172

계약절차를 배우다 177

내국신용장과 구매확인서를 배우다 186

상업송장을 배우다 191

포장명세서를 배우다 195

5강

**물건은
어떻게 보내나**

운송실무를 배우다 202

보험실무를 배우다 221

통관실무를 배우다 229

분쟁은 어떻게 해결하나 240

에필로그 246

맺음말 248

무역용어 해설 252

프롤로그

"이걸 일이라고 했나?"

팀장이 험악한 표정으로 말했다.

"……."

"도대체 신입사원 교육 가서 뭘 배워온 건가?"

"무역실무 강의를 듣긴 들었는데 일방적으로 설명을 듣는 거라서 중간 중간 이해가 안 되는 부분이 많더라고요."

"그럼 질문을 했어야지."

"질문을 하는 것도 한두 번이죠. 다른 수강생들 눈치도 보이고."

"그래서 어쩌겠다는 건가? 설마 나한테 무역을 가르쳐달라는 건 아니겠지? 내가 얼마나 바쁜 사람인데."

팀장의 얼굴이 일그러졌다.

"혹시 무역을 일대일로 가르쳐주는 덴 없나요?"

창호가 조심스레 물었다.

"그런 데가 어디 있나."

"그럼 우리나라에서 최고의 무역전문가가 누군가요?"

"무역전문가라니?"

"실무경험과 이론적 지식을 겸비한 전문가 말예요."

"그건 알아서 뭐 하려고?"

"그냥 궁금해서요."

"이론적인 지식만 놓고 보면 유명한 대학교수들이 많이 있지만 실전경험을 겸비한 사람은 많지 않네. 그중에서 한 사람만 꼽으라면 단연 한국대학교의 이무혁 교수지."

"이무혁 교수라고요?"

창호가 놀라는 표정을 지었다.

"왜, 아는 사람인가?"

"아, 아니에요. 근데 대학교수님이 어떻게 실전경험을 쌓았나요?"

"이무혁 교수는 원래 종합상사 출신인데다 무역회사를 직접 운영하면서 전세계를 상대로 다양한 무역경험을 쌓은 분일세."

"그런 분이 어떻게 대학교수가 되었나요?"

"우연한 기회에 무역에 관한 책을 한 권 썼는데 그 책이 베스트셀러가 되는 바람에 계속해서 무역과 관련한 책을 쓰게 됐고 대학 강단에까지 서게 된 걸세. 아무튼 이분이야말로 이론과 실무를 겸비한 우리나라, 아니 세계 최고의 무역전문가라는 데 이견을 달 사람이 없네. 그뿐만 아니라 이분은 무역을 정말 쉽고 재미있게 가르치는 것으로 정평이 나 있지."

"……."

"왜 말이 없나?"

"……."

"설마……. 이무혁 교수한테 일대일로 무역을 배울 생각을 하는 건 아니겠지?"

팀장이 의심스러운 눈으로 창호를 쳐다봤다.

"네가 창호냐?"

이무혁 교수가 떨리는 목소리로 말했다.

"예."

"어머님은 잘 계시냐?"

"예."

"내가 무심했구나."

이 교수는 착잡한 표정으로 창밖을 내다보았다.

"아닙니다. 제가 진작 찾아뵀어야 하는데……."

"내가 이 학교에 있는 줄은 어떻게 알았냐?"

"교수님이 우리나라, 아니 세계 최고의 무역전문가라는 소문이 자자하던데요."

"누가 그런 뻥을 치더냐?"

이 교수가 껄껄거리며 말했다.

"저희 회사 팀장님이……."

"벌써 취직을 했구나. 그래, 회사가 어디냐?"

"대호상사입니다."

"대호상사라면 요즘 한창 잘나가는 종합상사가 아니냐?"

"예."

"그래, 무역 일은 재미있냐?"

"그게……."

창호가 머리를 긁적거렸다.

"무슨 문제라도 있냐?"

"실은 신입사원 연수 가서 무역실무를 배우긴 배웠는데……."

"무슨 얘긴지 알겠다. 무역실무 때문이라면 걱정할 필요 없다. 내가 일대일로 확실하게 가르쳐줄 테니."

"정말요?"

창호의 눈동자가 커졌다.

1강

무역은
어떻게 하나

일대일 과외를 시작하다

첫 강의는 이 교수의 연구실에서 하기로 했다. 창호가 연구실에 도착했을 때 이 교수는 누군가와 통화 중이었다. 창호가 온 것을 확인한 이 교수는 서둘러 전화를 끊었다.

"나한테 일대일 과외를 받았다는 건 절대 비밀로 해야 한다."

이 교수가 창호에게 자리를 권하며 말했다.

"걱정 마세요. 근데 무역실무를 완벽하게 마스터하려면 얼마나 걸리나요?"

"무역실무는 완벽하게 마스터하기도 힘들고 그럴 필요도 없다."

"무슨 말씀이신지……."

"무역거래는 품목이나 시장상황에 따라 워낙 다양한 형태로 이루어지기 때문에 지엽적인 내용까지 완벽하게 마스터하기가 힘들뿐더러

공연한 시간낭비란 뜻이지."

"……."

"예를 들어 국내에서도 농수산물 경매시장에서는 일반상품거래에서와는 전혀 다른 용어나 절차가 등장하지만 농수산물 경매에 참여하지 않는 사람들은 그런 용어나 절차를 알 필요가 없지 않으냐."

"자신이 취급할 품목이나 시장상황에 따라 필요한 부분만 배워도 된다는 말씀이네요. 하지만 취급품목이 바뀌고 시장상황이 바뀔 수도 있으니까 일단은 전반적인 내용을 다 배워둬야 하지 않나요?"

"맞는 얘기다. 그래서 지금부터 품목이나 시장상황과 상관없이 꼭 알아두어야 할 기본적인 무역실무를 총정리해서 가르쳐주마."

"고맙습니다."

"고맙긴. 너희 아버지가 살아 계셨으면 나보다 훨씬 더 잘 가르쳐주었을 텐데……."

이 교수의 목소리가 살짝 떨렸다.

"강의를 듣기 전에 제가 준비해야 할 건 없나요?"

"아무것도 준비할 것이 없다. 일단 이번 강의는 하루 3시간씩 다섯 번에 나누어서 진행할 거니까 5일만 시간을 내면 된다."

"5일 만에 무역을 마스터할 수 있다고요?"

창호가 믿기지 않는다는 표정을 지었다.

"그 정도면 충분하다. 15시간만 배우면 일반적인 무역거래를 하는데 전혀 문제가 없다."

"……."

"믿기지 않는 모양이구나. 지금부터 강의하는 건 실제로 내가 시내 유명대학에서 하루 3시간씩 5회에 걸쳐서 특강으로 진행한 것이다."

"그럼 제가 교수님의 특강을 직접 듣는 거네요."

"그렇지. 그것도 일대일로."

이 교수가 활짝 웃었다.

무역 업무의 전체적인 흐름을 파악하다

"지금부터 본격적으로 무역에 대해서 배워보도록 하자."

이 교수의 손에는 어느새 조그만 강의노트가 들려 있었다.

"너는 무역이 뭐라고 생각하냐?"

"무역이 뭐라뇨?"

창호가 되물었다.

"무역의 정의부터 내려보자는 거다."

"무역이란 외국에다 물건을 팔거나 외국에서 물건을 사오는 거 아닌
가요?"

"맞았다. 그럼 무역의 반대말은 무엇이냐?"

이 교수가 다시 한 번 질문을 던지고 창호의 답변을 기다렸다.

"국내거래지요."

"그렇지. 여기서 한 가지 생각해볼 것이 있다. 보통 국내에서 물건을 사고파는 것은 쉽게 생각하면서도 무역이라고 하면 상당히 복잡하고 어려울 것이라고 지레 겁을 먹는다는 거다. 국내에서 물건을 사고팔 때는 따로 공부를 하지 않으면서 무역을 하려면 엄청 공부를 해야 될 것처럼 생각한다는 거지."

"아무래도 외국과의 거래니만큼 새로 배워야 할 것이 많지 않나요?"

"물론 무역을 하려면 국내거래에서는 사용하지 않는 새로운 용어나 절차를 알아야 하지. 하지만 실제로 무역현장에서 일하는 데 필요한 용어나 절차는 생각처럼 그렇게 많지가 않다. 그런 것들은 차츰 배우기로 하고. 우선 무역을 하기 위해서 무엇을 해야 할지부터 생각해보자."

이 교수는 잠시 쉬었다가 말을 이었다.

"무역거래도 상대가 외국에 있다 뿐이지 기본적인 업무의 흐름은 국내거래와 크게 다를 바가 없다. 그러니까 처음부터 무역을 한다고 생각하지 말고 국내에서 물건을 사고판다고 가정하고 물건을 사고팔기 위해서 무얼 해야 할지를 생각해보자는 거다. 과연 물건을 사고팔기 위해서 가장 먼저 해야 할 일이 무엇이겠냐?"

"음……."

창호가 선뜻 대답을 못하자 이 교수가 입을 열었다.

"어렵게 생각할 거 없다. 물건을 사고팔기 위해서는 우선 어떤 물건을 누구에게 팔 건지 또는 누구로부터 무엇을 살 건지를 정해야 하지 않겠냐. 이때 거래상대방을 국내에서 찾으면 국내거래가 되는 거고 외국에서 찾으면 무역거래가 되는 거지. 그러니까 국내거래든 무역거래든 첫 번째로 할 일은 바로 아이템과 거래처를 개발하는 것이다. 자, 그럼 아이템과 거래처가 정해지면 그다음에는 무얼 해야 하겠냐?"

"흥정을 해야겠지요."

"그렇지. 우리가 물건을 사고팔기 위해서는 일단 가격이 얼만지, 물건을 언제 보내줄 건지, 결제는 어떻게 할 것인지 하는 여러 가지 조건을 협의해야 하는데 이런 걸 흥정이라고 하지. 그리고 이 흥정이란 말을 조금 고상한 말로 바꿔서 상담이라고 하고. 즉 아이템과 거래처가 정해지고 나면 그다음에 할 일은 상대방과의 상담을 통해서 여러 가지 조건을 협의하는 것이고, 그런 상담의 결과 모든 조건에 합의하면 계약이 이루어지는 거다. 그러니까 물건을 사고팔기 위한 두 번째 단계는 상담 및 계약이라고 할 수 있다."

이 교수는 차분한 어조로 설명을 이어갔다.

"그럼 계약이 이루어진 다음에는 뭘 해야 하겠냐?"

"합의된 내용대로 계약을 이행해야겠지요."

"그렇지. 그러기 위해서 물건을 팔 사람이 계약된 물건을 준비해서 살 사람에게 보내주면 되는 거고. 그런 과정을 운송이라고 하지. 즉 계약이 체결되면 운송과정을 통해서 계약된 물건을 주고받음으로써 거래가 종결되는 것이다."

이 교수는 잠시 숨을 고른 후에 말을 이었다.

"여기까지는 국내거래와 무역거래가 다르지 않다. 근데 무역거래에서는 운송 외에 두 가지가 추가된다. 그게 무엇이겠냐?"

"……."

"바로 보험과 통관이다. 즉 국내거래에서는 계약이 이루어지고 나면 계약된 물건을 보내고 받는 것으로 거래가 종결되지만 무역거래를 하기 위해선 추가로 보험을 들어야 되고 통관절차를 거쳐야 한다."

"보험이라면 어떤 보험을 말하는 거죠?"

"보험의 종류가 많지만 무역거래를 할 때 반드시 들어야 되는 보험이 적하보험이다."

"적하보험이 뭔가요?"

"말 그대로 물건을 적재할 때부터 하역할 때까지, 즉 수출국에서 물건을 실을 때부터 수입국에서 물건을 내릴 때까지 발생하는 사고로 인한 손해를 보상해주는 보험을 뜻한다. 해상구간에서 발생하는 사고로 인한 손해를 보상해주는 보험을 따로 해상적하보험이라고 부르기도 하지."

"구체적으로 어떤 손해를 보상해주는 건가요?"

"운송 도중에 물건이 분실되거나 파손됨으로써 발생하는 손해를 보상해준다. 국내에서 물건을 사고팔 때는 운송거리도 짧고 당일로 배달되기 때문에 보험을 드는 경우가 거의 없지만 무역거래에선 얘기가 달라진다. 운송거리도 길고 시간도 많이 걸리기 때문에 운송 도중에 무슨 일이 일어날지 모르거든. 예를 들어 물건을 배에 싣고 미국까지 가려면 태평양을 건너야 하는데 항해 도중에 물건이 분실되거나 파손되는 사고를 당할 수도 있지 않겠냐. 그런 사고가 발생했을 때 입게 되는 손해를 보상해주는 보험이 바로 적하보험이다."

이 교수의 설명은 간결하면서도 알아듣기 쉬웠다.

"그럼 통관이란 건 뭔가요?"

"통관을 말 그대로 해석하면 '통과할 통'자에 '세관 관'자니까 세관을 통과하는 거다. 우리가 해외여행을 할 때 목적지에 도착하면 물건을 찾아서 세관원 앞을 통과하게 되는데 이것도 일종의 통관이라고 할 수 있다. 한데 여행객으로서 휴대품을 통관하는 절차는 간단하지만 대량의 상품이 이동하는 무역거래의 경우에는 사정이 달라진다. 품목이나 상대국가에 따라서 통관절차가 다를 수도 있고 수입할 때는 관세를 비롯한 각종 세금이 부과되기도 한다. 어쨌든 통관이야말로 국내거래와 무역거래를 구분할 수 있는 가장 큰 차이라고 할 수 있다. 통관이란 물건이 국경을 넘어서 이동할 때만 필요한 절차이기 때문에 같은 나라 안에서 물건을 사고파는 국내거래인 경우에는 해당이 되지 않기 때문이지."

"결국 무역 업무는 1단계 아이템 및 거래처의 개발, 2단계 상담 및 계약, 그리고 마지막 3단계 운송, 보험, 통관으로 이루어진다고 볼 수 있겠네요."

창호가 자신에 찬 목소리로 말했다.

"그렇지. 그런데 여기서 짚고 넘어갈 것이 앞서 언급한 3단계 업무 중에서 실제로 무역회사에서 할 일은 2단계에서 끝난다는 거다."

무역 업무의 흐름

아이템 및 거래처 개발

상담 및 계약

운송·보험·통관

"그게 무슨 말씀이세요? 그럼 운송이나 보험, 통관 같은 일은 누가 하는 거예요?"

"그런 업무는 무역회사에서 직접 처리하지 않고 외부업체에서 대신 처리해준다. 일종의 아웃소싱이라고 할 수 있지."

"구체적으로 누가 그런 업무를 대신 처리해주나요?"

"우선 운송 업무를 대신 처리해주는 업체를 포워더(forwarder)라고 한다."

"포워더라니요?"

"우리가 해외여행을 가려면 무얼 준비해야 하냐?"

"여권을 준비해야죠."

"그다음엔?"

"그다음엔……."

창호가 머뭇거리자 이 교수가 말을 가로챘다.

"우선 비행기 표를 예약해야 하고 또 호텔도 예약해야 하지 않겠냐. 이런 걸 본인이 직접 할 수도 있지만 좀 더 쉽게 하기 위해서 어디를 이용하지?"

"여행사를 이용하죠."

"바로 그거다. 해외여행을 갈 때 여행객을 대신해서 여행사에서 비행기 표와 호텔을 예약해주듯이 물건을 수출하거나 수입할 때 무역회사를 대신해서 모든 운송관련 업무를 처리해주는 회사를 포워더라고 한다. 우리말로는 운송주선인이라고 하지."

"구체적으로 포워더가 하는 일이 뭐예요?"

"거래당사자를 대신해서 공장에서 물건을 픽업해서 수입자의 창고에 도착할 때까지의 모든 운송 업무를 챙겨주지."

"그럼 포워더가 직접 물건을 운송해주는 건가요?"

"아니다. 여행사가 직접 항공사나 호텔을 운영하는 것이 아니라 여행객을 위해서 대신 예약만 해주듯이 포워더도 자신들이 자체적으로 비행기나 선박 같은 운송수단을 운영하는 것이 아니라 단순히 중간에서 연결해주는 역할만 한다. 어쨌든 포워더에게 운송 업무를 맡기면 화주를 대신해서 모든 운송 업무를 알아서 처리해주기 때문에 무역회사에서는 운송 업무에 대해서 크게 걱정할 필요가 없다."

"그래도 직접 항공사나 선박회사와 접촉하는 것이 운임도 깎을 수 있고 유리하지 않나요?"

"그렇지 않다. 우리가 여행사를 통해서 예약을 한다고 해서 직접 항공사나 호텔에 예약할 때보다 불이익을 당하지 않듯이 포워더를 통해서 항공사나 선박회사에 운송을 의뢰한다고 해서 손해 볼 것이 없다. 게다가 항공사나 선박회사의 입장에서 볼 때 아주 큰 물량이 아닌 한 일일이 화주를 직접 상대할 수가 없기 때문에 포워더를 통해서 운송 업무를 처리하는 것이 일반적이다."

"결국 운송 업무는 믿을 만한 포워더에게 맡기면 되겠군요."

"그렇다. 실제로 무역거래를 할 때 포워더의 역할이 상당히 중요하기 때문에 믿을 만한 포워더를 선정하는 것이 매우 중요하지. 따라서 처음 거래를 할 때 가급적 서너 군데 포워더를 접촉해서 믿을 만한 업체를 선정하는 것이 바람직하다."

"운송 업무는 포워더에게 맡기면 된다고 했는데 그럼 운송관련 용어나 절차 같은 건 몰라도 되나요?"

"우리가 집을 이사할 때 이삿짐센터에서 어떻게 차량을 준비해서 어떻게 물건을 싣고 가는지 몰라도 되는 것처럼 무역실무 책에 나오는 운송관련 용어나 절차를 모른다고 해서 크게 문제될 것은 없다. 다만 포워더와의 원활한 의사소통이 가능하도록 기본적인 운송용어는 알아두는 것이 좋지. 그런 용어들은 나중에 따로 간추려서 설명해주마."

더 이상 운송에 대해서는 물어볼 것이 없었다. 창호는 이 교수가 잠시 숨을 돌릴 수 있도록 기다렸다가 질문을 재개했다.

"보험 업무라는 건 뭔가요?"

"보험에 가입하고 사고가 발생했을 때 보상을 받는 거지."

"그럼 적하보험은 어떻게 가입하고 사고가 났을 때 보상은 어떻게 받나요?"

"적하보험에 가입하고 보상받는 절차는 자동차보험에 가입하고 보상받는 절차랑 크게 다르지 않다. 보험회사와 접촉해서 보험가입에 필요한 서류와 정보를 제공하면 가입이 되고 사고가 발생하면 보험회사에 연락해서 보상을 받으면 된다. 무역업체의 입장에서 보면 책에 나오는 복잡한 보험용어나 절차를 다 이해하려고 애쓸 필요가 없다. 자동차보험에 가입할 때 구체적인 약관을 다 이해할 필요가 없는 것과 마찬가지지."

"그럼 보험에 대해서도 별로 공부할 것이 없네요."

"그렇다. 중요한 것은 수출자와 수입자 중에서 누가 보험을 들어야 하는지를 정확히 판단해서 자신이 들어야 할 때 잊어버리지 말고 보험에 가입해야 한다는 거다."

"보험을 누가 들어야 되는지는 어떻게 판단하나요?"

"그건 나중에 배울 인코텀즈에서 결정이 된다."

이것으로 일단 보험에 대해서도 정리가 된 셈이었다.

"마지막으로 통관 업무는 누가 처리해주나요?"

"관세사가 처리해준다."

"그럼 통관 업무에 대해서도 따로 배울 것이 없네요."

"그렇다. 통관이야말로 무역 업무 중에서 가장 중요한 것 중의 하나이고 그 절차도 복잡하지만 관세사가 대신 처리해주기 때문에 걱정할 필요가 없다."

"그럼 무역회사에서는 아이템과 거래처를 개발해서 계약을 성사시키기만 하면 나머지 일은 외부 업체에서 다 알아서 처리해준다고 이해하면 되겠네요."

"그렇다. 그러니 알고 보면 무역처럼 쉬운 일도 없는 셈이지. 힘들고 복잡한 일은 외부업체에서 대신 처리해주니 말이다."

"그럼 책에 나오는 운송, 보험, 통관 부분은 무시해도 되는 건가요?"

"완전히 무시하라는 건 아니고 책에 나오는 용어나 절차를 다 이해하려고 애쓸 필요는 없다는 얘기지. 무역현장에서 일해보면 책에 나오는 운송, 보험, 통관과 관련한 용어나 절차 중에 실제로 접하는 것은 얼마 되지 않는다는 것을 알게 될 거다. 무역현장에서 30년 이상 일해온 나로서도 한 번도 접해보지 못한 용어나 절차들이 허다할 정도로 말이다."

이 교수는 잠시 말을 멈추고 벽에 걸린 시계를 처다보았다. 강의를 시작한 지 정확히 30분이 지났지만 아직도 본격적인 무역실무에 대한 강의는 시작도 하지 않은 상태였다.

"벌써 30분이 지났는데 무역에 대해서 별로 배운 것이 없는 것 같지?"

이 교수가 창호의 마음을 읽기라도 한 듯이 먼저 말을 꺼냈다.

"……."

"하지만 벌써 무역실무의 3분의 1을 뗀 거나 다름없다."

창호가 의아한 표정을 짓자 이 교수가 말을 이었다.

"모두 3단계로 이루어진 무역 업무 중에 마지막 3단계인 운송, 보험, 통관 업무는 각각 포워더, 보험회사, 관세사에게 맡기면 된다는 것을 알게 된 것만으로도 큰 짐을 던 것 아니냐. 자, 이제부터 본격적으로 무역실무를 배워보기로 하자."

이 교수는 헛기침을 한 번 하더니 강의노트를 집어 들었다.

무역을 시작하기 전에 확인하고
준비해야 할 것들

"우선 무역을 하기 위한 절차에 대해서 알아보기로 하자. 우리나라에서 무역업을 창업하는 데는 특별한 절차가 필요 없다."

"절차가 필요 없다뇨?"

"원래 무역업은 허가제였다가 등록제로 바뀌고 마지막으로 신고제로 바뀌었다가 2000년 1월 1일부터는 신고제마저도 철폐되어 완전자유화가 되었다."

"그럼 아무나 무역을 할 수 있다는 건가요?"

"그렇다. 다만 무역도 사업이니까 사업자등록은 해야지."

"사업자등록은 어떻게 하나요?"

"사업장을 관할하는 세무서에 가서 신청서를 작성한 뒤 주민등록등본, 사업장임대차계약서와 함께 제출하면 사업자등록증을 발급해준다."

"사업장을 임대하지 않고 집에서 무역을 할 수는 없나요?"

"물론 가능하다. 집에서 사업을 하는 경우에는 사업장임대차계약서를 제출할 필요가 없다."

"무역을 하려면 무역협회에 가입해야 하지 않나요?"

"무역업이 자유화되어서 무역협회에 가입하는 것도 자유다. 다만 무역협회에 가입하면 양질의 정보를 제공받는 등 혜택이 많으니까 가입하는 것이 좋지."

"그밖에 준비할 건 없나요?"

"무역업고유번호를 받아야 한다."

"무역업고유번호가 뭐예요?"

"말 그대로 무역업자에게 부여하는 고유번호다. 업체별로 수출입실적을 관리하기 위해서 부여하는 번호라고 할 수 있지. 수출입신고서에 고유번호를 기재하면 자동으로 해당업체의 수출입실적으로 잡히게 되어 있다."

"무역업고유번호가 없으면 무역을 할 수 없나요?"

"무역업고유번호가 없어도 무역을 할 수는 있지만 나중에라도 수출입실적을 확인할 수 없으니 받아두는 것이 좋지."

"무역업고유번호는 어떻게 발급받나요?"

"신청서와 함께 사업자등록증사본을 무역협회에 제출하면 즉시 발급받을 수 있다."

"그럼 사업자등록을 하고 무역업고유번호만 받으면 누구나 무역을 할 수 있는 거네요."

"그렇다. 단 여기서 조심할 것이 있다. 누구나 무역을 할 수는 있지만 아무 아이템이나 마음대로 할 수 있는 건 아니다."

"그게 무슨 말씀이세요?"

"무역을 할 수 있는 자격은 오픈해놓았지만 품목별로는 나라에서 관리를 한다는 거다."

"어떻게 관리를 하나요?"

"일반상품에 대해서는 자유롭게 수출입거래를 할 수 있도록 하되 국민의 건강이나 안보 기타 여러 가지 사유로 수출입을 제한할 필요가 있는 품목에 대해서는 수출입을 금지하거나 허가 또는 승인을 받도록 하는 식으로 관리를 한다. 그러니까 수출 또는 수입할 품목이 정해지고 나면 우선 해당 품목의 수출입이 금지되거나 제한되는지를 확인해야 한다."

"그걸 어떻게 확인하나요?"

"우선 우리나라의 무역관련 3대 법규에 대해서 알아둘 필요가 있다."

"3대 법규라면?"

"대외무역업, 외환거래법, 관세법을 무역관련 3대 법규라고 한다."

"대외무역법이란 뭔가요?"

"수출입거래를 관리하는 기본법으로서 무역업고유번호, 수출입공고, 통합공고 등과 같은 기본적인 관리제도 외에 외화획득용 원료수입제도, 산업피해구제제도 및 수출입질서유지를 위한 제반사항을 규정하고 있는 법이다."

"외환거래법은요?"

"무역거래에 필수적으로 수반되는 외환거래를 관리하기 위한 법이지."

"관세법은 어떤 법인가요?"

"관세법은 수출입물품의 통관절차와 수입물품에 대한 과세절차를 규정한 법이다."

"무역을 하려면 무역관련 3대 법규에 대해서 공부해두어야 하겠네요."

"공부해서 나쁠 건 없지만 이런 법에 정통하지 않아도 무역 일을 하는 데 크게 문제될 건 없다. 우리가 민법이나 상법의 내용을 몰라도 국내에서 물건을 사고파는 데 큰 문제가 없는 거나 마찬가지다."

"그럼 앞서 말씀하신 법들은 그냥 그런 법들이 있다는 정도만 알고 있으면 되는 건가요?"

"그런 뜻은 아니고……. 무역거래에서는 취급품목이나 거래내용에 따라 각기 적용되는 법 조항이 달라질 수 있다. 그러니까 무역을 시작하기 전에 미리 관련법규의 내용 전체를 이해하려고 애쓰지 말고 실제로 무역을 하면서 그때그때 자신에게 필요한 부분만 확인하면 된다는 거다."

"그럼 본격적으로 무역거래를 하기 전에는 일단 법에 대해서는 잊어버려도 되겠네요."

"그건 아니다. 앞서 언급한 무역관련 3대 법규는 무역거래를 하면서 그때그때 필요한 부분을 확인해도 되지만 무역거래를 시작하기 전에 반드시 확인해두어야 할 법이 있다."

"그게 뭔가요?"

"개별법이다."

"개별법이 뭔가요?"

"개별법이란 무역과 직접적인 관련이 없는 법이지만 무역거래를 규제할 수 있는 법이다. 예를 들어 식품위생법, 약사법, 화장품법 등은 무역과 직접적인 관련이 없는 법이지만 식품이나 약품, 화장품 등을 수입하려면 이들 법에 의거 별도의 허가나 승인을 받아야 하는 상황에 처할 수 있다."

"그럼 품목이 정해지면 우선 개별법에서 해당 품목의 수출입거래를 규제하는 내용이 있는지를 확인해야 하겠네요."

"그렇지. 문제는 이와 같이 무역거래를 규제할 수 있는 개별법이 무려 50개 가까이 된다는 거다."

"그 많은 법을 어떻게 다 확인하나요?"

"그건 걱정할 필요가 없다. 관련부처에서 개별법의 내용을 통합해서 하나의 공고로 공표하니까. 그게 바로 통합공고라는 거다. 그리고 통합공고에서 품목별로 수출입요령을 정리해놓은 것을 품목별수출입요령이라고 한다."

"그럼 품목이 정해지면 우선 해당 품목의 수출입요령을 확인해야 하겠네요."

"그렇지."

"품목별수출입요령은 어디서 확인하나요?"

"무역협회 사이트(www.kita.net)에 접속하면 품목별수출입요령이라는 메뉴에서 확인할 수 있다. 그런데 품목별수출입요령을 확인하기 전에 먼저 확인할 것이 있다."

"그게 뭔가요?"

"바로 HS Code다."

"HS가 뭐예요?"

"HS는 The Harmonized Commodity Description and Coding System(신국제통일상품분류체계)의 약자로서 무역통계 및 관세분류의 목적상 수출입 상품을 숫자로 분류한 거다."

"품명이 있는데 굳이 숫자로 분류한 이유가 뭔가요?"

"품명은 국가나 기업에 따라서 다를 수 있기 때문에 좀 더 명확하게 상품을 분류하기 위해서 숫자로 분류한 거다."

"모두 몇 자리의 숫자로 분류하나요?"

"나라마다 조금씩 다르다. 일단 앞의 여섯 자리는 국제공통이고 뒤에 나라마다 각기 다른 숫자를 추가해서 사용한다. 우리나라에서는 국제공통으로 사용하는 6자리 숫자에다 4자리를 추가해서 모두 10자리의 숫자로 상품을 분류하고 있지. 이런 식으로 우리나라에서 사용하는 HS Code를 HSK(HS Korea) Code라고 한다."

"HSK Code는 왜 확인해야 하나요?"

"품목별수출입요령이 HSK Code 순으로 편집이 되어 있기 때문이지.

즉 HSK Code를 모르면 해당 품목의 정확한 수출입요령을 확인할 수가 없다. 그뿐만 아니라 세관에서 수출입심사를 할 때도 해당 품목의 HSK Code를 기준으로 삼기 때문에 수출입신고서를 작성할 때 반드시 해당 품목의 HSK Code를 기재해야 한다."

"개별 상품의 HSK Code는 어디서 확인하나요?"

"관세청 웹사이트나 무역협회 웹사이트에서 확인할 수 있다."

"일단 취급품목의 HSK Code를 확인해서 해당 품목의 수출입요령을 확인하면 무역을 하기 위한 준비는 끝나는 거네요."

"한 가지 더 확인해둘 것이 있다."

"그게 뭔가요?"

"전략물자수출입고시다."

"그건 전략물자에만 해당되는 거 아닌가요?"

"문제는 어떤 것이 전략물자에 해당되는지가 명확하지 않다는 것이다. 전략물자를 허가나 승인을 받지 않고 수출했다가는 가혹한 처벌을 받을 수 있다. 그러니 수입자와의 본격적인 수출 상담에 앞서 전략물자에 해당되는지를 확인해둘 필요가 있다."

"어디서 확인하나요?"

"전략물자관리시스템(www.yestrade.go.kr)에서 확인할 수 있다."

"무역을 하기 위해서 준비해야 할 것이 많군요."

"그렇지 않다. 설명이 길어서 그렇지 무역을 하기 위해서 실제로 준비해야 할 것은 간단하다. 일단 사업자등록을 하고 무역업고유번호를 발급받은 후에 품목이 정해지면 해당 품목의 HSK Code를 확인해서 품목별수출입요령과 전략물자관리시스템에서 수출입거래에 따르는 요령과 제한사항을 확인하면 된다."

"그렇게 정리를 해주시니 한결 마음이 놓이네요."

"HSK Code나 품목별수출입요령은 관세사에게 물어봐도 되니까 너무 걱정하지 않아도 된다."

아이템은 어떻게 개발하나

"무역을 하기 위한 준비는 그 정도면 될 거 같고요. 아이템은 어떻게 개발하나요?"

"아이템이야 각자 알아서 개발해야지. 우선 연고가 있는 아이템 중에서 수출 또는 수입할 만한 아이템이 있는지부터 살펴볼 필요가 있다."

"연고가 있는 아이템이 없으면요?"

"그야말로 자기 힘으로 아이템을 개발해야 하는데 그게 쉬운 일이 아니지. 어쨌든 어떤 아이템을 개발하느냐에 따라서 성패가 갈릴 수도 있으니까 아이템 개발에 신중을 기할 필요가 있다."

"구체적으로 어떤 아이템을 가지고 시작하는 것이 좋을까요?"

"콕 찍어서 어떤 아이템이 좋다고 할 순 없고 몇 가지 조언을 해주지."

이 교수는 잠시 숨을 고르고 나서 말을 이었다.

"첫째 눈에 보이지 않는 아이템을 개발할 필요가 있다."

"눈에 보이지 않는 아이템이라면……."

"두 가지 뜻이 있다. 문화상품이나 소프트웨어, 기술 등과 같이 실제로 눈에 보이지 않는 것과 기계설비나 자동차부품과 같이 실생활에서 눈에 잘 띄지 않는 것을 말하는 거다. 눈에 쉽게 띄는 아이템일수록 그만큼 경쟁이 심하기 때문에 초보자가 자리를 잡기가 힘들기 마련이지."

"둘째는요?"

"모르는 아이템을 개발할 필요가 있다."

"모르는 아이템이라뇨?"

"아이템에 대한 전문지식이 부족하다고 포기하지 말고 다양한 아이템을 개발하라는 뜻이다. 제조업의 경우에는 아이템에 대한 전문지식이 필수적이지만 단순히 물건을 사고파는 무역의 경우에는 물건에 대한 전문지식이 부족하더라도 거래를 성사시킬 수 있기 때문이다. 물론 물건을 파는 데도 어느 정도의 상품지식은 필요하지만 제조업을 할 때처럼 완벽한 지식을 갖추지 않더라도 가능하다는 걸 새겨둘 필요가 있다."

"셋째도 있나요?"

"마지막으로 남의 나라 물건도 개발할 필요가 있다."

"남의 나라 물건을 개발하다뇨?"

"수출품의 대상을 우리나라에서 생산되는 물건에 국한하지 말고 전 세계에서 생산되는 모든 물건을 대상으로 삼으라는 뜻이지. 소위 중계무역(中繼貿易)에도 관심을 가지라는 뜻이다."

"중계무역이 뭔가요?"

"남의 나라에서 만든 물건을 사서 또 다른 남의 나라에 파는 걸 뜻한다. 예를 들어 중국에서 만든 물건을 사다가 미국에 파는 거지."

"남의 나라에서 만든 물건을 수출할 수 있다는 것이 언뜻 이해가 되질 않네요. 왜 물건을 만든 나라에서 직접 수출하지 않나요?"

"경상도에서 산다고 해서 경상도에서 만든 물건만 팔라는 법이 있냐. 경상도에서 살더라도 전라도에서 만든 물건을 사다가 충청도에 팔수도 있지 않느냐. 이제는 경제적으로 국경이 없는 글로벌경제시대가 도래했기 때문에 우리나라에서 사업을 하더라도 중국에서 만든 물건을 사다가 미국에 파는 것이 결코 이상한 일이 아니다."

이 교수는 다시 한 번 숨을 고르더니 말을 이었다.

"시간이 갈수록 우리나라에서 만든 물건을 수출하기가 점점 힘들어질 거다."

"왜죠?"

"인건비가 비싸기 때문이지. 아직까진 중국이나 인도보다 기술력이나 생산성에서 앞서 있기 때문에 우리나라에서 물건을 만들어도 경쟁력을 갖출 수 있지만 갈수록 그들과의 가격경쟁이 힘들어질 것이다."

"대안이 있나요?"

"인건비가 싼 나라에서 물건을 만들어야지."

"어떻게요?"

"제일 확실한 건 인건비가 싼 나라에 공장을 세우는 거지만 그럴 만한 여건이 안 되는 중소기업에서는 위탁가공무역방식으로 인건비를 절약할 수 있다."

"위탁가공무역방식이 뭐예요?"

"인건비가 싼 나라의 공장에 원료를 공급해주고 물건을 가공토록 한 후 가공된 물건을 수입하거나 제삼국으로 수출하는 것이다."

"위탁가공무역과 중계무역은 어떻게 다른가요?"

"위탁가공무역은 가공을 위탁하는 측에서 물건을 만드는 데 필요한 모든 원부자재를 공급해주고 단순가공작업만을 위탁하는 데 비해서 중계무역이란 해외 업체에서 자체적으로 생산한 완제품을 구입해서 다른 나라에 파는 거다."

"그 외에 다른 방법은 없나요?"

"중개무역(仲介貿易)방식도 있지."

"중개무역이란 건 또 뭔가요?"

"말 그대로 무역거래를 중개만 해주는 거다. 부동산중개사가 부동산을 거래할 당사자들을 연결해주고 수수료를 받듯이 제삼국의 무역거래 당사자들을 연결해주고 수수료를 받는 걸 중개무역이라고 하지."

"중계무역과는 어떻게 다른가요?"

"중계무역(中繼貿易)은 자신이 물건을 구입해서 다른 나라에 팔아서 중계차익을 얻는 거고 중개무역(仲介貿易)은 제삼자 간의 무역거래를 알선해주고 수수료만 챙기는 거다."

"현실적으로 중개무역방식이 가능한가요? 제삼국의 무역거래당사자들끼리 직접 거래를 하면 될 텐데요."

"중개무역은 수입자나 수출자 중에 한쪽에서 중개무역상을 통해서 거래를 추진하는 것이 이롭다고 판단될 때만 성립된다. 미국이나 유럽 회사들이 동남아시아를 하나의 시장으로 보고 홍콩이나 싱가포르의 중개무역상을 활용해서 시장에 진출하는 것이 좋은 예지."

"우리나라에서도 중계무역이나 중개무역을 할 수 있나요?"

"여러 가지 여건상 홍콩이나 싱가포르보다는 못하지만 도전해볼 만한 분야임에 틀림없다."

아이템개발에 관한 질문에서 비롯된 이 교수의 설명은 다양한 무역의 형태에 대한 설명으로 이어졌다.

"참, 무역업종에는 어떤 것들이 있나요?"

창호는 이왕 질문을 한 김에 무역업종에 대한 설명도 들어두는 것이 좋을 것 같았다.

"무역업종은 크게 무역업과 무역대리업으로 나눌 수 있다."

"차이는 뭔가요?"

"무역업은 자신이 물건을 수출하거나 수입하는 걸 뜻하고 무역대리업은 자신이 직접 무역거래를 하는 것이 아니라 제삼자 간의 무역거래를 알선해주거나 에이전트의 역할을 수행하는 걸 뜻한다."

"그럼 오퍼상은 무역대리업에 속하겠네요?"

"그렇다. 원래 무역대리업자라고 하면 외국 무역업체의 에이전트를 뜻하는데 그중에서 외국 수출업자의 에이전트를 오퍼상이라고 한다."

"그럼 외국 수입업자의 에이전트는 뭐라고 하나요?"

"바잉에이전트 또는 바잉오피스라고 한다."

"저는 오퍼상을 그저 작은 규모의 무역회사라고 생각했는데 잘못 알고 있었군요."

"지금은 무역대리업도 무역업과 마찬가지로 완전자유화가 되었기 때문에 굳이 업종을 구분할 필요가 없어졌다. 실제로 직접 수출입거래를 하면서 동시에 외국 수출입업체의 에이전트로 활동하는 업체도 많이 있지. 업종의 구분이 모호해진 거다."

"잘 알겠습니다. 질문을 하다 보니 너무 옆길로 샜네요. 일단 아이템이 정해졌다고 치고 그다음엔 뭘 해야 하나요?"

해외거래처는 어떻게 개발하나

"해외거래처를 개발해야지."

"해외거래처는 어떻게 개발하나요?"

"이 그림을 봐라."

이 교수가 테이블에 올려놓은 그림에는 해외거래처 개발방법이라는 제목이 붙어 있었다.

"그림에서 보듯이 우선 활용할 수 있는 것이 인터넷이다."

"어떻게요?"

"수출업체라면 웹사이트를 제작해서 바이어들이 방문하도록 하고 수입업체라면 웹서핑을 통해서 외국의 공급업체를 찾아내야지."

"하지만 전 세계의 수많은 웹사이트 중에서 자신이 원하는 바이어나 셀러를 찾아낸다는 것이 쉽지가 않을 텐데요."

해외거래처 개발방법

인터넷

무역디렉토리

무역관련기관

전시회

"그런 문제를 해결해주는 것이 바로 인터넷무역거래알선사이트다. 인터넷에는 전 세계의 바이어와 셀러를 연결해주는 사이트들이 많이 있는데 가장 많이 알려진 사이트로는 알리바바(www.alibaba.com), 이씨21(www.ec21.com), 이씨플라자(www.ecplaza.net) 등이 있다."

"사이트를 이용하는 방법은 어렵지 않나요?"

"전혀 어렵지 않다. 일단 아무 사이트나 들어가서 직접 확인해보면 금방 알 수 있을 거다. 이들 사이트는 이용하기도 편하고 업데이트도 잘된다는 장점이 있지만 문제도 있다."

"문제라니요?"

"인터넷의 특성상 100% 상대방을 믿을 수 없다는 것과 유력 바이어나 셀러를 만나기 어렵다는 거다. 상식적으로 유력 바이어나 셀러라면 구태여 거래알선사이트를 통해서 거래상대방을 찾을 필요가 없지 않겠냐."

"그럼 믿을 수 있는 유력 바이어나 셀러는 어떻게 개발하나요?"

"그건 쉬운 일이 아니지만 일단 디렉토리를 활용할 필요가 있다."

"디렉토리가 뭔가요?"

"디렉토리란 주소록이란 뜻으로 전 세계의 제조업체, 바이어, 셀러의 연락처를 모아서 책으로 펴낸 거다. 디렉토리는 출간하는 회사에서 자료를 수집해서 책으로 펴내는 것이기 때문에 본인들이 직접 정보를 올리는 인터넷사이트보다 정보의 신뢰도 면에서 낮다고 볼 수 있지. 인터넷 무역거래알선사이트에서 만날 수 없는 유명 바이어와 셀러에 대한 정보를 찾아볼 수 있다는 장점도 있고."

"단점은 없나요?"

"단점이라면 책으로 펴내는 것이기 때문에 업데이트가 잘 안 된다는 것과 인터넷사이트보다는 이용하기가 불편하다는 것을 들 수 있다. 따라서 어느 한 가지 방법만 고집할 것이 아니라 인터넷사이트와 디렉토리를 두루 활용할 필요가 있다."

"디렉토리는 어떻게 구하나요?"

"직접 구입할 수도 있지만 다양한 디렉토리를 활용하려면 무역협회나 KOTRA와 같은 무역기관의 정보자료실을 이용하는 것이 좋다."

"추천할 만한 디렉토리가 있으면 말씀해주세요."

"우선 KOMPASS란 디렉토리가 있는데 전 세계 각국의 업체들을 국별, 품목별로 분류해놓은 종합디렉토리라고 할 수 있다. 이밖에도 Thomas Register와 같이 한 나라의 제조업체만을 수록한 디렉토리도 있고 International Pulp & Paper Directory와 같이 특정품목을 취급하는 업체만을 따로 모아놓은 디렉토리도 있다. 따라서 이와 같은 다양한 디렉토리 중에서 자신의 필요에 맞는 디렉토리를 찾아서 활용할 필요가 있다."

"인터넷사이트나 디렉토리 외에 해외거래처를 개발할 수 있는 방법은 없나요?"

"국내외 무역관련기관과 전시회를 통해서도 거래처를 개발할 수 있다."

"무역관련기관은 어떤 식으로 활용하나요?"

"우리나라의 대표적인 무역관련기관으로는 한국무역협회, KOTRA,

대한상공회의소, 수입업협회 등이 있다. 이들 기관에는 한국 업체와 무역거래를 희망하는 외국 업체들이 보내는 인콰이어리가 접수되는데 이런 인콰이어리 중에서 자신이 취급하는 품목에 해당되는 내용을 확인해서 거래처를 개발할 수 있다."

"외국업체들이 보낸 인콰이어리를 어떻게 확인하나요?"

"각 무역관련기관 사이트에 들어가면 이런 인콰이어리를 소개하는 별도의 사이트나 메뉴를 찾을 수 있다."

"무역관련기관의 사이트라면 여러 사람이 함께 보기 때문에 경쟁이 치열할 것 같은데요."

"그건 각오해야지. 어쨌든 우리나라 무역관련기관에 인콰이어리를 보냈다는 건 우리나라 업체와 거래를 하고 싶다는 뜻이니까 전 세계 업체를 상대로 하는 인터넷사이트나 디렉토리를 뒤지는 것보다 거래가 성사될 가능성이 좀 더 높다고 볼 수 있다."

"거꾸로 외국의 무역관련기관도 활용할 수 있겠네요."

"그렇지. 특정국가의 거래처를 개발하고 싶다면 해당 국가의 무역관련기관 사이트를 방문해서 소개를 요청하거나 해당 사이트에서 제공하는 정보를 활용할 수 있다."

"전시회는 어떤 식으로 활용하나요?"

"세계적으로 유명한 전시회에 출품해서 바이어를 물색하거나 유명 전시회를 참관함으로써 해외공급처를 개발할 수 있다."

"어떤 전시회에 참가하는 게 좋은가요?"

"검증이 안 된 전시회에 참가했다가는 시간과 경비만 허비할 가능성이 크니까 세계적으로 유명한 전시회를 선택하는 것이 중요하다."

"그걸 어떻게 알아내나요?"

"전 세계적으로 전시산업이 가장 발달한 곳이 독일이다. 품목에 따라서 예외가 있긴 하지만 일단 독일에서 열리는 전시회를 눈여겨볼 필요가 있다."

"중국전시회는 어떤가요?"

"중국전시회 중에도 규모나 내용 면에서 괜찮은 전시회들이 많이 있지."

"전시회에 참가할 때 요령이나 주의사항이 있으면 말씀해주세요."

"우선 세계적으로 유명한 전시회에 직접 출품하는 건 힘들 수도 있으니까 무역관련기관이나 지자체 등에서 단체로 출품하는 전시회가 있는지를 확인해볼 필요가 있다. 또한 개별적으로 유명전시회를 참관하는 것보다 전시회전문여행사를 이용하면 좀 더 편리하고 경제적으로 전시회를 참관할 수 있다."

"그밖에 주의사항 같은 건 없나요?"

"전시회를 그냥 물건이나 소개하고 남이 출품한 물건을 한번 둘러보는 장소로 가볍게 생각해선 안 된다. 전시장에서 실질적이고도 구체적인 상담이 이루어질 수 있도록 사전에 철저하게 준비하는 것이 중요하다."

"명심하겠습니다. 일단 거래처를 개발했다고 치고 그다음에 할 일은 뭔가요?"

신용조사는 어떻게 하나

"거래처를 개발했으면 상담을 통해서 계약조건에 합의해야지."

"본격적인 상담에 앞서서 상대방의 신용을 확인해볼 필요는 없나요?"

"물론 신용조사를 해두면 좋지."

"신용조사를 통해서 주로 무얼 확인하나요?"

"결혼상대자를 고르는 것과 같다고 보면 된다."

"……."

"보통 사람들이 결혼상대자를 고를 때 뭘 보겠냐?"

이 교수가 거꾸로 물었다.

"성격이나 외모, 능력 뭐 그런 거 아닌가요?"

"바로 그거다. 거래처의 신용조사를 할 때도 성격(Character)이나 자산(Capital), 능력(Capacity) 등을 주로 보게 되지."

"그런 것들을 어떻게 확인하나요?"

"우선 상대방에게 거래은행과 거래처를 알려달라고 해서 해당 은행이나 거래처에 물어볼 수가 있다. 하지만 이런 방식으로는 상대방에 대한 객관적인 정보를 확인하기가 쉽지 않다. 상대방의 거래은행이나 거래처에서 상대방에 대한 불리한 내용을 오픈하지 않을 가능성이 높기 때문이지."

"그럼 좀 더 객관적인 정보를 확인하려면 어떻게 하나요?"

"한국무역보험공사나 Dun & Bradsteet 같은 민간조사업체를 통해서 알아볼 수 있다. 문제는 신용조사결과가 좋다고 해서 신용상의 문제가 전혀 없다고 단정 지을 수는 없다는 거다. 신용조사업체에서 신용조사 결과가 좋은 업체와의 거래에서 문제가 발생했을 때 책임을 져주는 것도 아니고."

"신용조사만 가지고는 안심할 수 없다는 거네요. 그럼 처음 상대하는 거래처와 안심하고 거래를 추진하려면 어떻게 해야 하나요?"

"대부분의 무역사기는 서둘러서 일을 추진하는 과정에서 발생하기 마련이다. 처음 거래를 트는 상대방하고는 가급적 금액이 적은 거래부터 시작해서 차츰 거래규모를 늘려나가면서 상대방의 신용을 직접 확인하는 것이 바람직하다."

"말이 나온 김에 무역사기의 유형에 대해서도 말씀해주세요."

"우선 수출자가 당할 수 있는 사기유형으로는 대형 오더를 미끼로 금품을 요구하는 것, 신용장방식의 거래에서 미리 물건을 생산하도록 유도한 후 신용장 개설을 미루는 것, 계약금액의 일부만 지급하고 물건을 받은 후 나머지 금액의 지급을 거부하는 것, 신용장거래에서 사소한 서류상의 잘못을 트집 잡아서 부당한 조건을 제시하는 것 등이 있다."

"수입자가 당할 수 있는 사기유형은요?"

"물품대금의 전부 또는 일부를 송금토록 한 후에 물건을 보내지 않는 것, 계약한 물건과 다른 물건을 선적하는 것 등이 있다."

"무역사기를 당하지 않으려면 어떻게 해야 하나요?"

"무엇보다도 욕심을 버려야 한다. 처음부터 지나치게 금액이 크다든지 파격적인 거래조건을 내세우는 거래처일수록 사기의 가능성이 크다는 걸 새겨두어야 한다. 서두르지 말고 대박의 환상에서 벗어난다면 설사 사기를 당하더라도 피해를 최소화할 수 있을 것이다."

"신용조사까지 끝났으니 이제 본격적으로 거래처와의 상담에 나서야 할 차례네요."

"그렇다. 본격적인 무역실무는 지금부터 시작이라고 할 수 있다. 잠시 쉬었다가 하자."

이 교수가 먼저 기지개를 켜면서 자리에서 일어섰다.

계약조건이란 무엇인가

"자, 이제부터 본격적으로 무역실무의 핵심적인 내용을 배워보기로
하자."

잠시 휴식을 취한 이 교수가 힘주어 말했다. 이 교수의 손에는 '계약
조건'이라고 적힌 강의노트가 들려 있었다.

"계약조건이 뭐죠?"

창호가 조심스럽게 물었다.

"간단하게 말하면 물건을 사고팔기 위해서 거래당사자 간에 합의해
야 할 조건이라는 뜻이다. 그런 조건들을 협의하는 것을 상담이라고 하
고 상담의 결과 모든 조건에 합의하면 계약이 이루어지는 거지. 그러니
까 물건을 사고팔기 위해서 상대방과 합의해야 될 계약조건이 무엇인
지만 확실하게 이해하면 해외거래처와의 상담을 걱정할 필요가 없다."

"그럼 무역을 하기 위해서 합의해야 하는 계약조건에는 어떤 것들이 있나요?"

"그것도 처음부터 무역이라고 생각하면 어려울 수 있으니까 그냥 국내에서 물건을 사고판다고 가정하고 생각해봐라. 과연 물건을 팔 사람과 살 사람이 무엇부터 합의해야 거래를 성사시킬 수 있겠냐?"

잠시 뜸을 들인 후에 창호가 말했다.

"가격 아닌가요?"

"물론 거래를 하려면 가격을 합의하는 것이 중요하지. 하지만 가격을 정하기 전에 먼저 정해야 할 것이 있다. 그것이 무엇이겠냐?"

"……."

"어렵게 생각할 거 없다. 백화점에 가서 넥타이를 산다고 가정하고 과연 매장에 가서 무엇부터 해야 하는지를 생각해봐라."

"우선 마음에 드는 넥타이를 골라야 하겠지요."

"바로 그거다. 우리가 물건을 사고팔기 위해서 가장 먼저 정해야 하는 것은 과연 어떤 물건을 사고팔 것이냐 하는 것이지. 학자들은 책에서 이걸 품질조건이라고 규정해놓았지만 좀 더 쉽게 그냥 어떤 물건이라고 해도 무방할 것이다. 영어로는 description이라고 하지. description은 '무엇 무엇을 묘사하다' 또는 '서술하다'라는 뜻을 가진 describe의 명사형으로서 굳이 우리나라 말로 번역하자면 품명 또는 물품의 명세라고 할 수가 있다. 나중에 배우게 되는 계약서를 비롯한 각종 서식에 보면 description이란 항목이 나오는데 이것이 바로 무역거래의 대상이 되는 물건이 구체적으로 어떤 물건인지를 서술하는 난이라고 할 수 있다."

"그럼 description은 어떻게 정하나요?"

"예를 들어 지금 내가 쓰고 있는 펜을 수출한다고 가정해보자. 이때 description은 pen이라고 하면 되지만 단순히 pen이라고만 했다가는 문제가 될 수 있다. 펜 중에는 이것보다 큰 펜도 있고 작은 펜도 있으며, 색깔이 blue일 수도 있고 red일 수도 있고, 재질도 플라스틱일 수도 있고 금속이 될 수도 있기 때문이지. 그러기 때문에 거래의 대상이 되는 물건을 정할 때는 사이즈가 얼마고 색상이나 재질이 어떤 것인지를 구체적으로 상세하게 정해야 한다."

"쉬운 일이 아니네요."

"그게 끝이 아니다. 색상을 blue라고 정해도 수출자가 생각하는 blue color와 수입자가 생각하는 blue color는 다를 수가 있지 않겠냐. 그러니 어떤 물건을 사고팔지를 정하는 것이 결코 쉬운 일이 아니지."

"그런 문제를 해결할 수 있는 방법이 없나요?"

"제일 좋은 방법은 샘플을 주고받는 것이다. 실제로 수출할 물건의 샘플을 주고받으면 어떤 물건인가를 두고 논쟁을 벌일 필요가 없지 않겠냐. 요즘에는 샘플 대신에 디지털카메라로 사진을 찍어서 이메일에 첨부해서 보내기도 한다."

"그런 식으로 어떤 물건을 사고팔지가 정해지면 그다음엔 무엇을 정해야 하나요?"

"꼭 순서대로 정해야 하는 건 아니지만 어떤 물건을 사고팔지가 정해졌다면 그다음엔 수량(quantity)을 정해야지."

"그다음에는요?"

창호가 채근하듯이 물었다.

"어떤 물건을 몇 개 사고팔지가 정해지고 나면 비로소 가격을 정하게 되지. 수량에 따라서 가격은 변할 수가 있기 때문에 가급적 가격을 정하기 전에 수량을 정해두던가 가격을 정할 때 수량에 따라서 가격이 변할 수 있다는 것을 언급해둘 필요가 있다."

이 교수는 차분히 설명을 이어갔다.

"가격은 unit price와 amount로 나눌 수 있는데 unit price는 단위당 가격, 즉 단가를 의미하고 amount는 total amount에서 total을 생략한 것으로 해석하여 총액을 뜻한다고 할 수 있다. 따라서 quantity에다 unit price를 곱하면 amount가 되는 거지."

"가격은 어떤 식으로 정하나요?"

"가격이야 당사자 간의 협의를 거쳐 정하면 되지만 중요한 것은 가격을 정할 때 단순히 금액만을 정하는 것이 아니라 반드시 어떤 조건에서의 가격인지를 정해야 한다는 거다."

"어떤 조건이라뇨?"

"예를 들어 내가 쓰고 있는 이 펜의 가격을 바이어와 셀러 간에 10달러라고 합의했다고 치자. 이때 아무런 조건을 명시하지 않고 그냥 10달러라고 합의하면 나중에 문제가 생길 소지가 다분하다."

"어떤 문제가 생기나요?"

"셀러는 10달러라는 가격에 아무런 부대비용이 포함되지 않았다고 우길 것이고 바이어는 물건이 셀러의 공장을 출발해서 최종목적지에 도착할 때까지 발생하는 모든 비용이 포함된 줄 알았다고 우길 가능성이 높다."

"그러니까 조건을 명시하지 않은 가격은 의미가 없다는 뜻이네요."

"바로 그거다."

"그럼 가격을 합의할 때 정해야 하는 조건을 뭐라고 하나요?"

"trade terms라고 하지. 여기서 trade는 거래라는 뜻으로서 trade terms는 거래조건이라고 번역한다. trade terms는 가격을 정하는 데 기준이 되는 조건이기 때문에 가격조건(price terms)이라고 부르기도 한다. 어쨌든 이 거래조건이야말로 무역실무 전체에서 가장 중요한 것 중에 하나라고 할 수 있다."

이 교수의 표정이 진지해졌다.

"지금부터 거래조건에 대해서 자세히 알아보기로 하자."

거래조건이란 무엇인가

"다시 한 번 말해두지만 무역실무 전 과정에서 가장 중요한 것 중에 하나가 바로 거래조건이다. 이걸 제대로 이해하지 못하면 앞으로 무역을 하는 데 어려움이 많을 거다."

이 교수는 본론에 들어가기 전에 다시 한 번 주의를 환기시켰다.

"거래조건이 구체적으로 무엇인가요?"

창호가 물었다.

"거래조건이란 매도인과 매수인의 의무를 정해놓은 것으로서 가격을 정하는 기준이 되기 때문에 가격조건이라고도 한다. 거래조건은 무역거래에서만 필요한 것이 아니라 국내거래에서도 가격을 정할 때 사용되고 있다. 예를 들어 인터넷 쇼핑몰에서 물건을 사려고 검색해보면 A라는 쇼핑몰에는 가격이 10,000원인데 배송료 포함이라고 되어 있고

B라는 쇼핑몰에는 가격은 9,500원인데 배송료 1,000원 별도라고 표시되어 있는 것을 볼 수 있다. 이와 같이 배송료를 가격에 포함시키느냐 포함시키지 않느냐 하는 것을 일종의 거래조건이라고 할 수 있다. 즉 여기서 거래조건이라는 것은 소비자가 물건을 손에 넣을 때까지 물건값 외에 추가로 발생하는 부대비용을 가격에 포함시키는지 여부에 따라서 결정되는 거다."

"그럼 무역거래에서도 운송료를 포함하는 가격과 포함하지 않는 가격 두 가지로 나누어지나요?"

"아니다. 무역거래를 하기 위해서는 운송료 외에도 두 가지 부대비용이 더 발생한다."

"그게 뭔가요?"

"아까 무역 업무의 흐름을 설명할 때 3단계에서는 어떻게 된다고 했냐?"

"국내거래라면 계약이 체결되고 나서 물건을 주고받으면 끝나지만 무역의 경우에는 추가로 보험에 들고 통관절차를 거쳐야 한다고 했지요."

"바로 그거다. 국내거래라면 추가로 발생하는 비용이 물건을 보내고 받는 데 드는 비용, 즉 배송료 또는 운송비밖에 없지만 무역거래인 경우에는 보험에도 가입하고 통관도 해야 하기 때문에 보험료와 통관비가 추가로 발생한다."

"그럼 무역거래를 할 때는 운송비, 보험료, 통관비 등과 같은 부대비용이 가격에 포함되는지 여부에 따라 좀 더 많은 거래조건이 생기겠네요."

"그렇다. 문제는 운송비나 통관비의 경우 한 가지가 아니라 두 가지 이상의 비용으로 세분화된다는 것이다."

"세분화된다니요?"

창호가 의아한 표정으로 물었다.

"우선 운송비만 하더라도 국내거래의 경우에는 판매자로부터 소비자까지의 운송비가 한 가지에 불과하지만 무역거래의 경우에는 세 가지로 구분된다."

"어떻게요?"

"예를 들어 서울에 있는 수출자가 미국 뉴저지에 있는 수입자에게 해상으로 물건을 수출한다고 가정해보자. 이때 발생하는 운송비는 서울에서 부산항까지 싣고 가는 내륙운송비, 부산항에서 뉴욕항까지 싣고 가는 해상운송비, 마지막으로 뉴욕항에서 뉴저지까지 싣고 가는 내륙운송비로 나눌 수 있을 것이다. 이와 같은 세 가지 운송비를 각각 가격에 포함시키느냐 포함시키지 않느냐에 따라서 다양한 거래조건이 만들어지는 거다."

"세 가지 운송비에 따라서 모두 몇 가지 조건이 만들어지나요?"

"수학적으로는 상당히 많은 경우의 수가 있겠지만 실무적으로 네 가지 조건이 있을 수 있다. 즉 가격에 아무런 운송비를 포함시키지 않는 조건, 부산항까지의 내륙운송비만 포함시키는 조건, 뉴욕항까지의 해상운송비까지 포함시키는 조건, 그리고 마지막으로 뉴저지까지 물건을 운송하는 데 발생하는 모든 운송비를 포함하는 조건으로 나누어볼 수 있다."

"보험료는 어떻게 되나요?"

"보험료는 한 가지밖에 없으니 가격에 보험료를 포함시키느냐 여부에 따라서 두 가지 조건으로 나눌 수 있지."

"통관비는요?"

"통관비는 다시 수출국에서 발생하는 수출통관비와 수입국에서 발생하는 수입통관비로 나누어지는데 가격에 아무런 통관비도 포함시키지 않는 조건과 수출통관비만 포함시키는 조건, 수출입 통관비를 모두 포함시키는 조건을 생각해볼 수 있다."

"그럼 운송, 보험, 통관 과정에서 발생하는 모든 비용을 감안해서 거래조건을 만들면 도대체 몇 가지나 되나요?"

"수학적으로는 수십 가지 또는 그 이상도 나올 수 있겠지. 어쨌든 무역거래를 하기 위해서 가격을 결정할 때는 거래조건도 함께 정해야 하는데 이걸 거래할 때마다 정하려면 시간도 많이 걸리고 당사자 간에 합의를 이끌어내기가 쉽지 않을 것이다. 그래서 만든 것이 바로 정형거래조건이다."

"정형거래조건이 뭔가요?"

창호가 기다렸다는 듯이 물었다.

정형거래조건이란 무엇인가

"정형거래조건이란······."

이 교수는 잠시 뜸을 들였다가 말을 이었다.

"미리 정해놓은 거래조건이다."

"미리 정해놓다니요?"

"앞서도 얘기했듯이 거래할 때마다 거래조건을 매번 따로 정해야 한다면 여러모로 힘들 수밖에 없다. 그래서 생각해낸 것이 미리 정형화된 조건을 만들어놓고 그중에 하나를 골라서 가격을 정하기로 한 거다."

창호가 별 다른 반응을 보이지 않자 이 교수가 부연설명을 늘어놓았다.

"예를 들어 고급 양식당에 가서 메뉴판을 보면 애피타이저, 수프, 샐러드, 메인요리, 디저트 등으로 나누어져 있지 않으냐. 그런 곳에서 주문을 하려면 부분별로 한 가지씩을 선택해야 하는데 그게 쉬운 일이 아니지. 그래서 양식요리에 익숙하지 않은 사람들을 위해서 식당 측에서 미리 메뉴를 만들어놓은 것이 있다. 그런 걸 뭐라고 하지?"

"세트메뉴 또는 코스요리라고 하지요."

"바로 그거다. 식당에서 음식을 주문할 때마다 일일이 메뉴를 정하는 것이 힘들기 때문에 미리 세트메뉴를 만들어놓듯이 수출자와 수입자가 거래를 할 때마다 일일이 거래조건을 정하는 것이 힘들기 때문에 미리 만들어놓은 것이 바로 정형거래조건이다."

"정형거래조건에는 어떤 것들이 있나요?"

"정형거래조건의 구체적인 내용을 확인하기 전에 우선 정형거래조건의 역사를 잠깐 살펴보기로 하자."

이 교수가 잠시 말을 멈추고 강의노트를 만지작거렸다.

"일찍이 영국에서 FOB와 CIF 같은 정형거래조건을 만들어서 무역거래에 쓰기 시작했는데 여러모로 편리하다는 것이 입증되자 다른 나라에서도 앞 다투어 사용하게 되었다. 하지만 정형거래조건에 대한 해석이 분분해서 통일된 국제규칙의 필요성이 대두되었고 결국 인코텀즈(Incoterms)가 제정되기에 이르렀다."

"인코텀즈는 또 뭔가요?"

갈수록 태산이라는 생각을 하면서 창호가 물었다.

"오늘은 여기까지다. 인코텀즈는 워낙 복잡하면서도 중요하니까 다음 강의 때 따로 공부하도록 하자."

"알겠습니다."

"오늘 처음 나하고 공부해본 소감이 어떠냐?"

이 교수가 강의노트를 정리하며 물었다.

"정말 머리에 쏙쏙 들어오는 것 같아요. 왜 사람들이 교수님을 최고의 무역전문가라고 하는지 알 것 같아요."

"허허. 아부가 심하구나."

이 교수가 너털웃음을 지었다.

가격은
어떻게 정하나

인코텀즈란 무엇인가

두 번째 강의는 첫 강의가 있은 날로부터 정확히 일주일 후에 이 교수의 연구실에서 재개되었다. 이 교수는 창호에게 차 한 잔을 권하고 나서 바로 강의를 시작했다.

"자, 이제부터 본격적으로 인코텀즈를 배워보자. 지난번에도 얘기했듯이 무역실무 전 과정 중에서 가장 중요하면서도 어려운 것이 인코텀즈다. 그러니 정신 바짝 차리고 들어야 한다. 각오가 됐냐?"

이 교수가 창호의 표정을 살폈다.

"예. 준비됐습니다."

창호가 결연한 표정을 지었다.

"인코텀즈란⋯⋯."

이 교수가 목소리를 가다듬고 말을 이었다.

"국제상업회의소(International Chamber of Commerce, ICC)에서 제정한 정형거래조건의 해석에 관한 국제규칙(International Rules for the Interpretation of Trade Terms)이다. 정형거래조건에 대한 해석을 통일함으로써 무역거래를 활성화할 목적으로 제정된 것이지."

"그럼 무역거래를 할 때 인코텀즈에서 규정한 거래조건 중에 하나를 선택해서 가격을 정하면 되겠군요."

"그렇지. 지난번에도 얘기했듯이 가격을 정할 때 단순히 얼마라고 정하는 것은 아무 의미가 없다. 계약금액에 운송비는 어디까지 포함시키고 보험료와 통관비는 어떻게 할 것인지를 명확히 정해놓지 않으면 수출자와 수입자 간에 분쟁이 발생할 가능성이 높기 때문이지."

"그런 문제를 해결해주는 것이 바로 인코텀즈란 말씀이군요. 그러니까 인코텀즈야말로 가격을 정하는 데 아주 중요한 의미를 가진다고 할 수 있네요."

"그렇지. 인코텀즈는 미리 정해놓은 거래조건에 대한 국제규칙이기 때문에 무역을 하기 전에 확실하게 이해해야 한다."

"이해를 못하면요?"

창호가 따지듯이 묻자 이 교수는 잠시 생각을 정리하더니 천천히 입을 열었다.

"프로농구 경기장에 가보면 경기 도중에 작전타임이란 것이 있다. 작전타임이 뭐 하는 시간이냐?"

"작전을 바꾸기 위한 시간 아닌가요?"

"그렇지. 대개 경기에 지고 있는 팀에서 작전타임을 요청해서 작전을 바꾸게 되지. 근데 작전타임이라는 것이 무한정 시간을 주는 것이 아니기 때문에 시합에 나가기 전에 감독, 코치, 선수들이 모여서 그날 경기에서 사용할 작전을 몇 가지 미리 구상해서 나가게 된다. 예를 들어 A, B, C라는 세 가지의 작전을 준비했다가 작전타임 시간에 선수들이 모이면 지금부터 B라는 작전으로 바꾸자고 지시하는 거지. 근데 선수 하나가 B라는 작전이 뭡니까 하고 물으면 어떻게 되겠냐? 미리 짜놓은 작전을 다시 풀어서 설명해줄 시간이 없기 때문에 그 선수는 부득이 경기에서 제외시킬 수밖에 없을 것이다."

"농구경기랑 인코텀즈가 무슨 관계가 있나요?"

"유사한 상황이 벌어질 수 있다는 거다. 예를 들어 바이어가 인코텀즈에서 규정한 거래조건 중에 하나인 FOB 조건으로 가격을 알려달라고 했을 때 FOB 조건이 뭐냐고 물으면 어떻게 되겠냐. FOB라는 조건은 미리 만들어놓은 정형거래조건인데 그게 뭐냐고 묻는 것은 프로농구 선수가 미리 짜놓은 작전이 뭐냐고 물어보는 것과 뭐가 다르겠냐. 바이어는 불안해서 거래를 시작할 엄두를 내지 못할 것이고 거래는 그것으로 끝날 가능성이 높다."

"그러고 보니 인코텀즈야말로 정말 중요한 거네요."

"그뿐만 아니라 인코텀즈를 이해하지 못하면 정확한 원가계산을 할 수가 없다. 수출자가 수입자를 접촉하려면 우선 가격표를 만들어야 하는데 가격에 어떤 부대비용이 포함되는지를 알아야 정확한 가격표를 만들 수 있지 않겠냐. 수입자의 입장에서도 정형거래조건을 정확히 이해해야만 수출자에게 지급할 가격에 포함되어 있지 않은 부대비용을 감안해서 수입원가를 계산할 수 있다. 보험을 누가 들지도 인코텀즈의 규정에 따라 판단해야 하고. 그러니 인코텀즈야말로 무역실무 전 과정 중에서 가장 중요하다는 말이 허투루 하는 소리가 아니다."

이 교수는 인코텀즈의 중요성에 대해서 열변을 토했다.

"그 정도면 인코텀즈가 중요하다는 건 잘 알았으니까 본격적으로 인코텀즈에 대해서 설명해주세요."

창호가 보채듯이 말했다.

인코텀즈에 입문하다

"국제상업회의소에서 인코텀즈를 제정함으로써 전 세계 무역업자들에게 큰 도움을 준 것은 사실이지만 문제는 너무 많은 거래조건을 규정해놓았다는 거다."

"몇 가지나 되는데요?"

"무려 열한 가지나 되는 정형거래조건을 규정해놓았다."

"그건 너무 많네요. 고급양식당의 메뉴판에 등장하는 코스 요리도 서너 가지, 많아야 대여섯 가지밖에 안 되는데⋯⋯."

"그러게 말이다. 이왕 무역업자들을 도와주려면 서너 가지 정도의 정형거래조건만 만들어놓았으면 좋았을 텐데. 하지만 크게 걱정할 필요는 없다."

"걱정할 필요가 없다니요?"

"중화요리집의 메뉴판을 보면 수없이 많은 요리가 있지만 주로 뭘 시키게 되냐?"

"짜장면 아니면 짬뽕이지요."

"그렇지. 아무리 요리 종류가 많아도 대부분의 사람들은 짜장면 아니면 짬뽕을 시키게 마련이지. 마찬가지로 인코텀즈에서는 열한 가지나 되는 정형거래조건에 대해서 규정해놓았지만 대부분의 무역거래에서는 FOB 아니면 CIF를 사용한다."

"그럼 FOB와 CIF만 배우면 된다는 말씀인가요?"

"물론 FOB와 CIF만 알아도 아쉬운 대로 무역거래를 할 수는 있지. 하지만 일단은 인코텀즈에서 규정한 열한 가지 거래조건이 대충 뭔지 정도는 알아둘 필요가 있다. 중화요리집에 가면 대부분의 사람들이 짜장면이나 짬뽕을 시키지만 굳이 다른 요리를 먹겠다는 사람이 있기 마련 아니냐. 무역거래에서도 대부분의 업체에서는 FOB나 CIF로 거래를 하려 들지만 다른 조건으로 거래를 원하는 경우가 있기 마련이다. 그러니 일단 FOB나 CIF는 완벽하게 이해해두고 나머지 조건에 대해서는 대충이라도 이해해두어야 한다."

"아무리 대충이라지만 열한 가지 조건을 한꺼번에 배우려면 쉽지 않겠는데요."

"하지만 이 고비만 넘으면 그다지 어려운 내용이 없으니 힘을 내거라."

"인코텀즈의 구체적인 내용에 대해서 설명해주세요."

"인코텀즈에서는 열한 가지의 정형거래조건에 대해서 매도인과 매수인의 의무를 각각 열 가지씩 규정해놓았다. 따라서 인코텀즈 전문은 모두 220개항으로 이루어져 있는 셈이지."

"그 많은 조항을 어떻게 다 이해하나요?"

"그것도 너무 걱정할 필요 없다. 매도인과 매수인의 의무를 각각 열 가지씩 규정해놓았지만 그중의 대부분은 너무나 당연한 내용이라서 따로 공부할 필요가 없는 것들이다. 예를 들어 매도인의 첫 번째 의무는 계약에 일치하는 물품을 공급하는 것이고 매수인의 첫 번째 의무는 물품대금을 지급하는 것이라고 규정되어 있다."

"그럼 인코텀즈에서 규정한 것 중에서 중요한 것은 뭔가요?"

"두 가지가 있는데 첫 번째는 위험의 이전(transfer of risks)이고 두 번째는 비용의 분담(allocation of costs)이다."

"위험의 이전이라는 게 무슨 뜻인가요?"

"예를 들어 매도인의 공장을 출발한 물건이 공장을 출발해서 한 100미터쯤 가다가 물건을 실은 운송차량에 화재가 발생해서 불타버렸다고 가정해봐라. 이때 매도인은 이미 물건이 공장을 떠났으니 자신에겐 책임이 없다며 매수인에게 돈을 달라고 요구하게 될 것이다. 그러면 매수인은 뭐라고 하겠냐. 아직 물건이 선박에 실리지도 않았고, 물건을 한번 본 적도 없는데 왜 돈을 내느냐고 하지 않겠냐?"

"그야말로 서로 상대방에게 책임을 지라고 우기겠네요."

"무역거래에서는 장거리 운송을 해야 하기 때문에 물건이 매도인을 출발해서 매수인에게 도착할 때까지 사고나 위험에 노출될 가능성이

인코텀즈의 주요 내용

위험의 이전	비용의 분담
Transfer of Risks	Allocation of Costs

상존한다. 따라서 어느 지점까지는 매도인이 책임을 지고 어느 지점부터는 매수인이 책임을 져야 하는지를 명확하게 규정해놓지 않으면 운송 도중에 사고가 났을 때 원만하게 해결하기가 쉽지 않을 것이다."

"그러니까 위험의 이전이란 위험이 발생했을 때 어느 지점까지는 매도인이 책임을 지고 어느 지점부터는 매수인이 책임을 지느냐 하는 분기점을 정하는 거네요."

"그렇지. 예를 들어 위험의 분기점을 선적항에서 물건을 실을 때까지라고 정해놓으면 물건을 싣기 전까지 사고가 나면 매도인이 책임을 지고 물건을 실은 다음에 발생하는 모든 사고에 대해서는 매수인이 책임을 진다는 뜻이지."

"책임을 진다는 것이 구체적으로 무슨 뜻인가요?"

"책임을 진다는 것은 곧 손해를 본다는 뜻이다. 즉 매도인이 책임을 진다는 것은 물건이 공장에서 출고됐음에도 불구하고 매수인으로부터 돈을 받을 수 없다는 뜻이고, 매수인이 책임을 진다는 것은 물건을 받지 못하는데도 매도인에게 돈을 주어야 한다는 뜻이지."

"매도인의 입장에서 물건을 출고했는데도 불구하고 돈을 받지 못한다면 억울하겠네요."

"그래서 위험의 이전이 늦어질수록 매도인은 가격을 올릴 수밖에 없다. 실무적으로는 수입국에서 위험의 이전이 이루어지는 조건으로 거래할 때는 매도인이 보험에 가입하고 해당 보험료만큼 가격에 얹어서 받으면 된다. 그렇게 하면 물건이 운송 도중에 사고가 나더라도 보험회사로부터 손해를 보상받을 수 있기 때문에 안심하고 거래를 할 수 있다."

"반대로 수출국에서 위험의 이전이 이루어지는 경우에는 매수인이 보험에 들었다가 사고가 났을 때 보험회사로부터 보상을 받으면 되겠네요."

"원칙적으론 그런데 예외가 있다."

"예외라뇨?"

"그건 나중에 따로 설명하도록 하마."

"일단 인코텀즈에서 열한 가지 정형거래조건별로 위험의 이전시점을 규정해놓았다고 이해하면 되겠네요."

"그렇다."

"구체적으로 열한 가지 조건별로 위험의 이전시점은 어떻게 되나요?"

"그건 조금 있다 설명하기로 하고 우선 위험의 이전시점과 더불어 인코텀즈에서 정한 또 한 가지 중요한 항목에 대해서 알아보도록 하자."

"그게 뭔가요?"

"비용의 분담(allocation of costs)이다."

"비용의 분담이란 건 또 뭔가요?"

"물건을 사고팔 때 물건값 외에 추가로 발생하는 부대비용을 어느 시점까지는 매도인이 부담하고 어느 시점부터는 매수인이 부담할지를 정한 것이지. 내가 처음에 거래조건을 설명할 때 언급했던 내용이 바로 이것이다. 예를 들어 비용의 분담시점을 도착항에 도착할 때까지라고 하면 매도인은 물건이 지정된 도착항에 도착할 때까지의 비용을 부담해야 하고 매수인은 물건이 도착항에 도착하고 나서부터 발생하는 비용을 부담해야 하는 거다."

"비용의 분담시점이 늦어질수록 매도인이 손해를 보는 거네요."

"손해를 본다고 할 순 없다. 비용의 분담시점이 늦어질수록 매도인이 부담해야 되는 비용이 늘어나지만 그만큼 가격을 더 받으면 되니까 결과적으로 손해를 보는 것은 아니지."

"같은 이치로 매수인으로서도 비용의 분담시점이 늦어진다고 해서 유리한 것은 아니네요?"

"그렇지. 어차피 물건값과 모든 부대비용은 결국 수입자가 부담하는 것이다. 다만 비용의 분담시점에 따라 매도인이 부담해야 되는 부대비용은 매도인에게 물건값에 얹어서 지급하고 매수인이 부담해야 하는 부대비용은 매수인이 직접 운송회사, 보험회사, 관세사, 세관 등에 지급한다는 점이 다를 뿐이지."

"어차피 매수인이 모든 비용을 부담하는 건데 굳이 열한 가지나 되는 많은 조건을 만들어놓은 이유가 뭔가요?"

"그건 거래의 내용이나 매도인과 매수인의 입장에 따라 적합한 조건이 달라질 수 있기 때문이다."

"아직 감이 잘 잡히지 않네요."

"그럴 거다. 하지만 열한 가지 조건에 대해서 개략적으로라도 배우고 나면 왜 국제상업회의소에서 그렇게 많은 정형거래조건을 규정해놓았는지 이해할 수 있을 거다."

"그건 그렇고 열한 가지 조건을 언제 다 배우나요?"

창호가 걱정스러운 표정으로 말했다.

"그것도 너무 걱정하지 마라. 다 요령이 있으니까."

이 교수의 목소리는 여전히 자신감에 차 있었다.

인코텀즈의 감을 잡다

"자, 지금부터 본격적으로 인코텀즈에서 규정한 열한 가지 정형거래 조건에 대해서 살펴보기로 하자."

잠시 휴식을 취한 이 교수가 원기를 회복한 목소리로 말했다.

"우선 인코텀즈에서 규정한 열한 가지 조건은 모두 세 글자의 약자를 사용하는데 이들이 무엇의 약자인지를 이해하면 좀 더 쉽게 각 거래조건의 의미를 이해할 수 있을 것이다."

이 교수는 말을 멈추고 열한 가지 조건의 약어풀이가 적힌 강의노트를 테이블 위에 올려놓았다.

"하지만 아무리 약어를 풀어놓은 것을 이해한다고 해도 열한 가지나 되는 많은 조건을 한꺼번에 기억한다는 것은 쉽지 않을 거다."

창호가 이 교수의 말에 동의한다는 듯이 고개를 끄덕였다.

EXW: Ex Works

FOB: Free On Board

FAS: Free Alongside Ship

FCA: Free Carrier

CFR: Cost and Freight

CIF: Cost Insurance and Freight

CPT: Carriage Paid To

CIP: Carriage and Insurance Paid To

DAP: Delivered At Place

DPU: Delivered At Place Unloaded

DDP: Delivered Duty Paid

"그래서 내가 만든 것이 있다."

이 교수는 또 하나의 강의노트를 꺼내서 테이블 위에 올려놓았다. 거기에는 열한 가지 조건의 약자가 표시되어 있었고 제목란에는 '인코텀즈(1)'이라고 적혀 있었다.

"이게 뭔가요?"

창호가 물었다.

"새로운 것을 배울 때 이미지를 통해서 배우면 좀 더 오랫동안 기억에 남지 않느냐. 그래서 이런 그림을 만든 거다."

"그림의 왼쪽 상단에 표시되어 있는 E는 무엇을 뜻하나요?"

"Exporter, 즉 수출자를 뜻하는 거다."

"그럼 오른쪽 상단에 표시되어 있는 I는 Importer, 즉 수입자를 뜻하는 거겠네요."

"그렇지. 그리고 수출자 쪽에 표시된 세로막대는 선적항을 뜻하고 수입자 쪽에 표시된 세로막대는 도착항을 뜻하는 거다."

"그럼 그림에 표시된 열한 가지 조건의 위치는 무엇을 뜻하는 건가요?"

"그것이 바로 물건이 수출국의 공장을 출발해서 수입국의 창고에 도착할 때까지 발생하는 비용의 분담시점을 표시한 거다. 예를 들어 CIF 조건은 도착항에 표시되어 있으니까 물건이 수출국의 공장을 출발해서 도착항에 도착할 때까지 발생하는 모든 비용은 수출자가 부담하고 도착항에 도착한 이후에 발생하는 비용은 수입자가 부담한다는 뜻이지."

"그럼 수출자는 수출가격을 정할 때 비용의 분담시점까지 발생하는

인코텀즈(1)

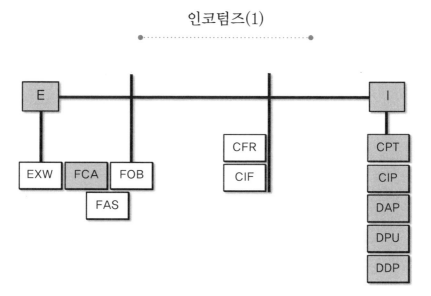

주) 짙은 색으로 표시한 조건의 위치는 유동적임

비용을 물건값에 더해야 하겠네요?"

"그렇지. 반대로 수입자의 입장에선 비용의 분담시점 이후에 발생하는 비용은 수출자에게 지급하는 가격에 포함되어 있지 않으니까 각각 운송업체나 보험회사, 관세사, 세관 등에 별도로 지불해야 한다."

"이제야 대충 감이 잡히네요."

"그럼 지금부터 열한 가지 조건에 대해서 한 가지씩 알아보기로 하자."

EXW와 FOB를 배우다

이 교수는 다시 한 번 테이블에 올려놓은 강의노트를 뒤적거렸다.

"여기 적혀 있는 약어풀이와 그림을 함께 보면서 내 설명을 들도록 해라."

이 교수는 열한 가지 조건의 약어풀이가 표시된 강의노트와 인코텀즈(1)이라는 제목이 붙은 강의노트를 가리켰다.

"제일 먼저 EXW라는 조건이 있다. 우선 EXW가 무엇의 약자인지 확인해봐라."

"Ex Works의 약자네요."

"여기서 Ex란 무엇으로부터 또는 무엇에서라는 뜻이고 Works란 일이 많은 곳, 곧 공장이란 뜻이다. 그러니까 Ex Works란 공장에서 물건을 인도한다는 뜻이다. 즉 여기 그림에서 보듯이 공장에서 물건을 인도하는 조건이지."

이 교수가 다시 한 번 인코텀즈(1)이란 제목이 붙어 있는 그림을 가리켰다.

"그림에서 보듯이 EXW 조건은 수출에 따르는 아무런 부대비용이 포함되지 않은 조건이다. 수출자의 입장에서 보면 국내에서 물건을 파는 것과 다를 바가 없지. 반대로 수입자의 입장에서 보면 물건을 수입하는 데 발생하는 모든 부대비용을 별도로 부담해야 하는 조건이다."

"그럼 수출통관비도 수출자가 부담하지 않나요?"

"그렇다. EXW 조건은 수출입과 관련된 일체의 비용을 수입자가 부담하는 조건이다."

"EXW 조건은 주로 어떤 경우에 사용하나요?"

"수출자가 무역에 대한 경험이 적거나 상품의 종류가 너무 많아서 각각의 부대비용을 따로 계산하기가 번거로운 경우에 주로 사용한다."

"EXW 조건에 대해서는 대충 알 거 같네요."

"그럼 다음에는 F로 시작하는 세 가지 조건에 대해서 알아보기로 하자. 여기서 F는 무엇의 약자냐?"

"Free의 약자네요."

"Free는 자유롭다는 뜻이고 여기서는 수출자가 자유로워진다는 뜻이다. 언제 자유로워지는가는 Free 다음에 나오는 단어에 따라서 결정된다. 우선 일반적인 무역거래에서 가장 많이 사용하는 FOB 조건에 대해서 알아보기로 하자. FOB는 무엇의 약자라고 되어 있냐?"

"Free On Board의 약자네요."

"여기서 On Board란 선박에 물건을 적재한다는 뜻이다. 결국 Free On Board는 선적항에서 물건을 선박에 적재하면 수출자가 자유로워지는 조건이라고 해석할 수 있지."

"뒤집어서 말하면 선적하기까지는 수출자가 자유롭지 않다는 뜻이네요."

"그렇지. 그러기 때문에 물건이 수출자의 공장을 떠나서 선적항에서 선적될 때까지의 비용을 수출자가 부담해야 하는 거다."

"구체적으로 FOB 조건으로 거래할 때 수출자가 부담해야 하는 부대비용에는 어떤 것이 있나요?"

"우선 물건을 수출자의 공장이나 창고에서 선적항까지 싣고 가는 내륙운송비가 필요하고, 물건을 선적하기 전에 수출통관을 해야 하니까 수출통관에 따르는 비용도 필요하다."

"물건을 선적하는 비용은요?"

"이론적으로는 수출자가 선적비용을 부담해야 하지만 실무적으로는 운송계약의 내용에 따라서 달라진다."

"어떻게 달라지나요?"

"무역운송의 대부분을 차지하는 정기선의 경우에는 해상운임에 선적비용이 포함되어 있어서 운송계약자인 수입자가 부담하고, 부정기선의 경우에는 운송계약의 내용에 따라서 선적비용을 누가 부담할지가 정해지게 된다."

"정기선은 뭐고 부정기선은 뭐예요?"

"그건 나중에 운송용어를 다룰 때 따로 설명해주마. 아무튼 수출자가 FOB 조건의 가격을 계산할 때는 공장도 가격에다 선적항까지의 내륙운송비와 수출통관비를 더하고, 해상운임에 선적비용이 포함되어 있지 않은 경우에 한해서 선적비용을 더하면 된다."

"수입자의 입장에서 정리해보면 선적항에서 물건을 선적할 때까지의 비용이 포함된 금액을 수출자에게 지급하고 그 이후에 발생하는 비용은 자신이 직접 운송회사, 보험회사, 관세사, 세관에 지급하면 되겠네요."

"그렇지. 한 가지 더 기억해둘 것은 FOB 조건은 선적항에서 물건을 선적할 때까지 비용이 가격에 포함된 조건이기 때문에 FOB라는 조건명 뒤에 선적항이 어디라는 것을 명시해야 된다는 거다. 예를 들어 부산항에서 물건을 선적한다고 하면 FOB BUSAN이라고 표시해야 한다."

"그럼 FOB BUSAN이라고 하면 물건을 부산항에서 선적할 때까지 발생하는 비용이 가격에 포함되었다는 뜻으로 이해하면 되겠네요."

"그렇지. 아무튼 FOB 조건이야말로 CIF 조건과 더불어 실무에서 가장 많이 사용하는 조건이니까 확실하게 기억해둬라."

"명심하겠습니다. 그나저나 열한 가지 조건 중에서 이제 겨우 두 가지 조건을 배웠는데 벌써 머리가 복잡해지네요."

창호가 머리가 아픈 시늉을 했다.

"너무 걱정하지 마라. 점점 쉬워질 테니."

이 교수는 잠시 말을 멈추고 물 한 컵을 따라서 목을 축였다.

FAS와 FCA를 배우다

"F자로 시작하는 두 번째 조건은 FAS인데 이건 Free Alongside Ship 의 약자로서 선적항에 정박한 선박의 측면에서 물건을 인도한다는 뜻 이다."

"FOB 조건과는 뭐가 다른가요?"

"FOB 조건의 가격에는 선적비용이 포함되지만 FAS 조건의 가격에 는 선적비용이 포함되지 않는다는 것이 다른 점이지. FAS는 선적비용 이 많이 들거나 선적과정에서 문제가 발생할 소지가 있는 원자재 거래 에서 제한적으로 사용되고 일반상품의 거래에는 거의 사용되지 않는 다. 그러니까 그냥 이런 조건이 있다는 정도만 기억하면 된다."

"벌써 한 가지 조건이 끝났네요."

"그렇게 내가 점점 쉬워진다고 하지 않았냐. F자로 시작하는 세 번째 조건은 FCA인데 이게 무엇의 약자인지 확인해봐라."

"Free Carrier인데요."

"여기서 Carrier는 운송인이라는 뜻이고 Free Carrier는 수입자가 지정한 운송인에게 수출국 내의 지정된 장소에서 물건을 인도하면 수출자가 자유로워진다는 뜻으로 해석할 수 있다."

"구체적으로 수출국 어디에서 물건을 인도하는 건가요?"

"그건 인코텀즈에서 정해놓지 않았다. 그림에서는 편의상 EXW와 FOB 사이에 표시해두었지만 실제로는 수출자의 공장이나 내륙의 어느 지점 또는 공항이나 항구든 수출국 내의 어디에서라도 물건을 인도할 수 있지. 구체적인 인도 장소는 바이어와 셀러가 합의해서 FCA라는 조건명 뒤에 명시하면 된다. 예를 들어 울산에 있는 공장에서 인도한다면 FCA Ulsan Factory라고 표시하면 된다."

"인코텀즈(1)의 그림에서 FCA 조건을 짙은 색 박스로 표시한 이유는 뭔가요?"

"그게 바로 FCA 조건이 표시된 위치가 유동적이라는 뜻이다. 즉 그림에서 FCA가 표시된 위치는 유동적이기 때문에 다른 조건과 구분하기 위해서 짙은 색 박스로 표시한 거다."

"EXW 조건하고 FCA 조건이면서 인도 장소가 공장인 경우의 차이는 뭔가요?"

"두 가지가 있다. 하나는 EXW 조건에서는 수출통관의 의무가 수입자에게 있지만 FCA 조건에서는 인도장소와 상관없이 수출자에게 수출통관의 의무가 있다는 거다."

"또 한 가지는요?"

"EXW 조건에서는 공장에서 물건을 싣는 것조차 수출자가 해줄 의무가 없지만 FCA 조건에서는 수출자가 물건을 실어줄 의무가 있다."

"FCA 조건에서는 항상 수출자가 물건을 실어줘야 하나요?"

"그렇지 않다. 인도 장소가 공장인 경우에는 수출자가 물건을 실어줘야 하지만 공장이 아닌 다른 장소에서 물건을 인도할 때는 해당 장소까지 물건을 도착시키는 것으로서 수출자의 의무가 끝난다. 따라서 인도 장소에 도착한 물건을 차량에서 내리는 것부터는 수입자의 의무다."

"FOB 조건하고는 뭐가 다른가요?"

"인코텀즈 원문에 보면 FOB 조건은 해상 및 내수로 운송에만 사용할 수 있고 FCA 조건은 운송방식과 상관없이 사용할 수 있다고 명시되어 있다. 따라서 수출국에서 물건을 인도할 경우 FCA 조건은 인도 장소와 상관없이 사용할 수 있는 반면에 FOB 조건은 인도 장소가 항구일 때만 사용할 수 있다는 것이 다른 점이다. 하지만 무역현장에서는 아직도 FOB Incheon Airport와 같이 항공운송의 경우에도 FOB 조건을 사용하는 경우가 허다하다."

"이론과 실제가 다르다는 말씀이네요. 왜 현장에서 인코텀즈에서 정한 규정을 따르지 않는 건가요?"

"그건 오래전부터 FOB라는 조건을 사용하는 데 익숙해져 있고 FCA라는 조건이 있는지조차 모르는 사람들이 많기 때문이다. 하지만 FCA

대신에 FOB를 잘못 사용하더라도 크게 문제될 것은 없다. 예를 들어 FOB Incheon Airport라는 조건은 인코텀즈 규정상으로는 존재할 수 없는 조건이지만 현장에서는 그냥 인천공항에서 물건을 인도하는 조건이라고 이해하고 넘어간다."

"그럼 간단하게 FOB나 FCA 조건명 뒤에 표기된 장소에서 물건을 인도한다고 이해하면 되겠네요."

"그렇다."

"이제 F자로 시작하는 조건은 대충 알 거 같아요."

"그럼 C자로 시작하는 조건으로 넘어가볼까?"

이 교수가 밝은 목소리로 말했다.

CFR, CIF, CPT, CIP를 배우다

"C자로 시작하는 조건은 모두 네 가지인데 우선 C가 무엇의 약자인지부터 확인해봐라."

이 교수는 잠시 말을 멈추고 창호의 답변을 기다렸다. 창호가 머뭇거리자 이 교수가 입을 열었다.

"두 가지로 나뉘어 있을 것이다. CFR과 CIF 조건에서는 Cost의 약자이고 CPT와 CIP에서는 Carriage의 약자라고 말이다."

"차이가 뭔가요?"

"우선 그림에서 CFR과 CIF가 어디에 표시되어 있는가를 확인해봐라."

"도착항에 표시되어 있네요."

"그러니까 두 가지 조건 모두 물건이 도착항에 도착할 때까지의 비용이 가격에 포함된 조건이라고 할 수 있다."

"그럼 CFR과 CIF의 차이는 뭔가요?"

"우선 CFR이 무엇의 약자인지를 확인해봐라."

"Cost and Freight의 약자인데요."

"여기서 Cost는 비용이란 뜻인데 구체적으로는 FOB 조건의 가격에 포함된 비용, 즉 물건을 선적할 때까지의 비용을 뜻하는 것이다."

"Freight는요?"

"해상운임이란 뜻이지. 그러니까 CFR은 그림에서 보듯이 선적항에서 물건을 실을 때까지의 비용과 도착항까지의 해상운임을 가격에 포함시킨 조건이라고 이해하면 된다. 예전에는 이걸 C&F라고 부르기도 했다."

"그림에서 보면 CFR과 CIF가 같은 위치에 표시되어 있는데 차이가 뭔가요?"

"그건 CIF가 무엇의 약자인지를 확인해보면 알 수 있다."

"CIF는 Cost, Insurance and Freight의 약자네요."

"그러니까 CIF는 CFR 조건의 가격에다 도착항까지의 보험료를 더한 조건이라고 할 수 있다. CIF가 FOB와 더불어 무역거래에서 가장 많이 사용하는 조건이라는 사실을 기억해둬라."

"CFR과 CIF와 관련해서 더 알아둘 것은 없나요?"

"우선 CFR과 CIF 조건은 도착항에 도착할 때까지의 비용을 가격에 포함하는 조건이기 때문에 조건명 뒤에 도착항이 어디라는 걸 명시해야 한다. 예를 들어서 CFR New York 또는 CIF Tokyo 등과 같이 표시하는 거다."

"CPT와 CIP는 어떤 조건인가요?"

"우선 CFR과 CIF는 앞서 배운 FOB와 FAS와 함께 해상운송에서만 사용하라고 규정되어 있다. 따라서 도착지가 항구가 아닌 경우에는 CFR이나 CIF 조건을 사용할 수가 없다."

"그럼 CPT와 CIP는 운송방식과 상관없이 사용할 수 있는 조건인가요?"

"그렇다. CPT와 CIP에서 C는 Carriage의 약자라고 했는데 여기서 Carriage는 해상운임, 항공운임, 내륙운송비와 같은 모든 운송비를 포함하는 개념이다. 그러니까 수입국 내륙의 어느 지점이나 공항까지의 운송비를 가격에 포함시킬 때는 CFR이나 CIF 대신에 CPT나 CIP를 사용하면 된다. 물론 CPT와 CIP는 도착지가 항구일 때도 사용할 수 있다. 따라서 그림에 표시된 CPT와 CIP의 위치는 유동적이라고 봐야 한다."

"그럼 CPT는 Carriage Paid To의 약자니까 수입국 내의 지정된 장소까지 물건을 운송하는 데 발생하는 모든 운송비를 수출자가 부담하는 조건이고 CIP는 Carriage Insurance Paid To의 약자로서 수입국 내의 지정된 장소까지의 운송비에다 보험료까지를 수출자가 부담하는 조건이라고 정리하면 되겠네요."

"옳거니. 다만 FOB나 FAS와 마찬가지로 인코텀즈에서는 CFR과 CIF를 해상운송에서만 사용하라고 규정해놓았지만 현장에서는 CIF New York Airport와 같이 항공운송의 경우에도 사용한다는 것을 기억해둬라."

"잘 알았습니다. 그럼 C자로 시작하는 조건도 끝난 거네요."

"그렇지. 이젠 D자로 시작하는 조건 세 가지만 남았다."

DAP, DPU, DDP를 배우다

잠시 호흡을 가다듬은 이 교수가 설명을 이어갔다.

"우선 D는 Delivered의 약자로서 물건을 인도한다는 뜻이고 구체적으로 어디에서 물건을 인도하느냐는 뒤에 나오는 단어에 따라서 결정된다. 제일 먼저 DAP는 무엇의 약자인지 확인해봐라."

"Delivered At Place의 약자네요."

"그러니까 DAP란 지정된 목적지에서 물건을 인도하는 조건이라고 정의할 수 있다."

"그럼 DAP라는 조건명 뒤에 목적지를 명시하면 되겠네요."

"그렇지. 예를 들어 DAP Chicago라고 표시하면 시카고에서 물건을 인도하는 조건이라고 할 수 있다. DAP는 그 정도로 정리하고, DPU는 무엇의 약자지?"

"Delivered At Place Unloaded의 약자네요."

"여기서 Unloaded란 물건을 내린다는 뜻으로 DPU는 지정된 목적지에서 물건을 내려서 인도하는 조건이라고 정의할 수 있다."

"그럼 DAP와 DPU의 차이는 지정된 목적지에서 물건을 내리는 비용을 누가 부담하느냐에 있는 거네요."

"그렇지. DAP 조건에서는 수출자가 지정된 목적지에 도착할 때까지의 비용만 부담하고 DPU 조건에서는 지정된 목적지에서 물건을 내리는 비용까지를 수출자가 부담하는 비용인 셈이다."

"DPU 조건 외에 목적지에서 물건을 내리는 비용을 수출자가 부담해야 하는 조건이 또 있나요?"

"목적지에서 물건을 내리는 비용을 수출자가 부담하는 조건은 DPU가 유일하다. 나머지 열 가지 조건 모두 목적지에서 물건을 내리는 비용은 수입자가 부담해야 한다."

"와! 이제 한 가지 조건만 남았네요."

"그렇다. 이제 남은 건 DDP 한 가지뿐이다. 자, 여기서 가운데 D는 무엇의 약자인지 확인해봐라."

"Duty네요. Duty라면 세금을 뜻하는 건가요?"

"여기서 Duty는 관세를 포함해서 수입통관 시 납부해야 하는 모든 세금과 수입통관의 책임까지를 포함한다."

"그럼 수입자의 입장에서 보면 국내에서 물건을 사는 것과 차이가 없는 거네요."

"그렇지. DDP 조건으로 수입을 하게 되면 수출자가 수입통관까지 마친 물건을 수입자가 지정한 장소까지 갖다 주니까 수입자의 입장에서는 무역에 대해서 전혀 몰라도 된다."

"하지만 수출자의 입장에서 보면 수입국에서의 수입통관까지 책임 져야 하니까 상당히 부담스러운 조건이네요."

"그렇지. 만약 DDP 조건으로 수출했다가 수입통관에 문제가 생기면 수출자가 책임을 져야 하니까 보통 문제가 아니지. 따라서 DDP 조건 은 수출자가 수입국의 통관규정에 정통하거나 수입통관에 따르는 문 제를 해결할 수 있는 능력이 있는 경우에만 제한적으로 사용되는 조건 이다."

"인코텀즈(1) 그림에서 D로 시작하는 세 가지 조건 모두 짙은 색 박스 로 표시한 것은 그림에 표시된 위치가 고정된 것이 아니라는 뜻인가요?"

"그렇다. 일반적으로는 D로 시작하는 세 가지 조건의 경우 그림에 표시된 대로 수입자가 위치한 최종목적지에서 물건을 인도하지만 수 입자가 원할 경우 수입국 내의 제3의 장소를 인도 장소로 지정할 수도 있다."

"알겠습니다. 그럼 이제 열한 가지 조건을 다 배운 거네요."

"일단은……."

이 교수가 말꼬리를 흐렸다.

"일단은이라뇨?"

창호가 되물었다.

위험의 이전시점을 배우다

이 교수는 잠시 한숨을 돌린 후 입을 열었다.

"앞서 인코텀즈에서 규정한 것 중에 중요한 것이 두 가지 있다고 했다. 그것이 무엇인지 기억이 나냐?"

"위험의 이전과 비용의 분담이라고 했지요."

"맞았다. 이제까지는 그중에서 비용의 분담에 대해서 배운 것이다. 즉 각각의 조건으로 계약했을 때 가격에 어디까지의 비용이 포함되는 건지를 알아본 거다."

"그럼 위험의 이전시점은 비용의 분담지점과 어떻게 다른가요?"

창호가 이 교수의 다음 설명을 재촉했다.

"이 그림을 봐라."

이 교수가 새로운 그림 한 장을 테이블 위에 올려놓았다. 거기에는

인코텀즈(2)

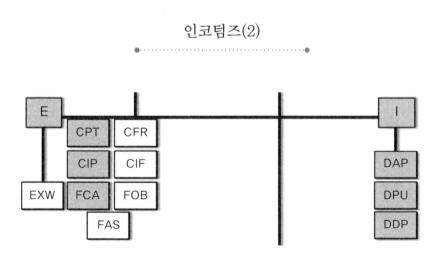

주) 짙은 색으로 표시한 조건의 위치는 유동적임

인코텀즈(2)라는 제목이 붙어 있었다.

"이 그림이 보여주는 각 조건의 위치가 바로 위험의 이전시점을 뜻한다. 예를 들어 FOB 조건은 선적항에 표시되어 있으니까 선적항에서 물건을 실을 때까지 발생하는 위험은 수출자가 책임을 지고 그 이후부터 발생하는 위험에 대해서는 수입자가 책임을 져야 한다."

"위험의 이전과 비용의 분담을 한꺼번에 생각하려고 하니 머리가 더 복잡해지는 것 같아요."

"걱정할 것 없다. 인코텀즈(1)과 인코텀즈(2)의 그림을 비교해보면 C자로 시작하는 네 가지 조건을 제외한 나머지 일곱 가지 조건은 모두 같은 위치에 표시되어 있다는 걸 확인할 수 있을 거다. 따라서 일곱 가지 조건에서는 비용의 분담시점과 위험의 이전시점이 같다고 이해하면 된다."

"그러니까 C자로 시작하는 네 가지 조건만 비용의 분담시점과 위험의 이전시점이 다른 거네요."

"그렇지. 그림에서 보듯이 C자로 시작하는 네 가지 조건은 비용의 분담시점은 수입국에 도착했을 때인데 위험의 이전은 FOB나 FCA와 같이 선적지에서 이루어진다."

"앞서 위험의 이전시점에 따라 보험을 누가 들지가 결정된다고 하셨잖아요."

"그랬지."

"구체적으로 위험의 이전시점에 따라 보험을 누가 들지를 어떻게 판단하나요?"

"그건 같이 생각해보자. 우선 위험의 이전이 수입국에서 이루어지는 DAP, DPU, DDP 조건에서는 누가 보험을 들어야 하겠냐?"

"수출자가 보험을 들어야 하지 않나요."

"왜지?"

"수입국에 도착해야 위험이 이전되니까 도착하기 전에 사고가 나면 수출자가 책임을 져야 하고 수입자로부터 수출대금을 받을 수 없는 거잖아요. 물건은 실었는데 돈은 받을 수 없으니까 그런 손해를 보상받기 위해서 수출자가 보험을 들어야 할 것 같은데요."

"정확하게 이해했다."

이 교수가 흡족한 표정을 지었다.

"그럼 수출국에서 위험이 이전되는 나머지 조건에선 누가 보험을 들어야 하겠니?"

"수입자가 보험을 들어야겠지요. 수출국에서 위험이 이전되니까 수입자에게 물건이 가는 도중에 사고가 나면 수입자의 책임이니까요."

"맞다. 근데 문제는 CIF와 CIP 조건이다. 그림에서 보면 이 두 가지 조건도 수출국에서 위험이 이전되니까 수입자가 보험을 들어야 하는데 실제로는 수출자가 보험에 들거든."

"그게 정말 이상하네요. CIF나 CIP 조건에서는 보험료를 가격에 포함시켜서 수출자가 부담하도록 되어 있으니까 결과적으로 수출자가 보험을 들어야 하는데 위험의 이전시점으로 봐서는 수출자가 보험에 들 필요가 없는 것 같은데요."

"그렇지. CIF나 CIP 조건은 수출국에서 위험이 이전되는 나머지 여섯 가지 조건과 마찬가지로 수출자는 보험에 들 필요가 전혀 없는 조건이다. 수입자에게 물건이 가는 도중에 사고가 나더라도 수출자는 책임이 없기 때문에 수입자로부터 돈을 받을 수 있으니까."

"그런데도 수출자가 보험에 드는 이유가 뭔가요?"

"복잡하게 생각하지 말고 그냥 수입자가 부탁해서 수출자가 대신 보험에 들어준다고 생각해라."

"대신 보험에 든다고요?"

"그렇다. 위험의 이전시점으로 봐서는 CIF나 CIP 조건에서 수입자가 보험을 들어야 하지만 수입자가 수출자에게 물품가격에 보험료를 얹어줄 테니 대신 들어달라고 부탁한다고 생각하면 된다."

"그럼 CIF나 CIP 조건에서는 보험은 수출자가 들지만 물건이 수입자에게 가는 도중에 사고가 나면 수입자가 보상을 받게 되겠네요."

"그렇지. 즉 CIF나 CIP 조건에서는 보험에 드는 사람과 보상을 받는 사람이 달라지는 거지."

"그럼 나머지 아홉 가지 조건에서는 보험에 드는 사람과 보상을 받는 사람이 같은 건가요?"

"그렇지. 수입국에서 위험이 이전되는 DAP, DPU, DDP 조건에서는 수출자가 보험에 들었다가 사고가 나면 수출자가 보상을 받고, 수출국에서 위험이 이전되는 EXW, FOB, FAS, FCA, CFR, CPT 조건에서는 수입자가 보험에 들었다가 사고가 나면 수입자가 보상을 받게 된다."

"결론적으로 조건명에 I(insurance)자가 들어가는 두 가지 조건(CIF, CIP)과 D자로 시작되는 세 가지 조건(DAP, DPU, DDP)에서는 수출자가 보험을 들고 나머지 여섯 가지 조건에서는 수입자가 보험을 든다고 정리하면 되겠네요."

"잘 정리했다. 보험료에 대해서는 그 정도로 정리하고 이번에는 통관비에 대해서 정리해보자."

"각 거래조건별로 통관비는 누가 부담하나요?"

"통관비는 간단하다. 일단 모든 수출통관비는 수출자가 부담하고 모든 수입통관비는 수입자가 부담하는 것이 원칙이다. 다만 두 가지 예외가 있는데 EXW 조건에서는 수출통관비도 수입자가 부담하고 DDP 조건에서는 수입통관비도 수출자가 부담해야 한다."

"어휴, 인코텀즈가 정말 복잡하네요."

창호가 한숨을 내쉬었다.

"그렇다고 너무 기죽지 마라. 인코텀즈의 모든 내용을 완벽하게 이해하려면 몇 달을 공부해도 모자랄 정도로 복잡하지만 현장에서 일하다 보면 금방 익숙해질 테니."

"그래도 열한 가지 조건을 다 이해하는 건 정말 힘든 것 같아요."

"그래서 내가 준비한 것이 있다."

인코텀즈를 정리하다

잠시 후 이 교수는 또 하나의 그림을 테이블 위에 올려놓았다.

"이 그림은 실무에서 자주 사용하거나 대표적인 다섯 가지 조건의 가격에 포함된 부대비용을 보여주기 위해서 만든 것이다. 그림에서 짙게 칠해진 부분이 각 조건별로 가격에 포함된 부대비용이라는 뜻이지. 그러니까 해당 조건의 가격을 구하려면 공장도 가격에다 짙게 칠한 부분의 부대비용을 더하면 되는 거다."

"그럼 EXW는 아무런 부대비용이 포함되지 않은 조건이고, FOB는 EXW 가격에 선적항까지의 내륙운송비와 수출통관비가 포함된 조건이고, CFR은 FOB 가격에 도착항까지의 해상운임이 포함된 조건이고, CIF는 CFR 가격에 도착항까지의 보험료가 포함된 조건이고, DDP는 수입자가 지정한 장소까지의 모든 부대비용이 포함된 조건이라고 정

리하면 되겠네요."

"제대로 정리했다."

"그림으로 보니까 이해하기가 쉽네요."

"자, 그럼 여기서 이제까지 배운 걸 제대로 이해했는지 확인하기 위해서 시험을 보기로 하자."

"시험을 보다뇨?"

"너무 긴장하지 마라. 혹시라도 제대로 이해하지 못한 부분이 있는지 확인하기 위한 거니까."

이 교수는 미리 준비한 시험문제를 창호에게 내밀었다.

시험문제

1) 우리나라에서 일본으로 수출할 때 사용할 수 있는 거래조건으로 맞는 것은?
　① FOB TOKYO　　　　　　　　　　② FOB BUSAN
　③ CFR BUSAN　　　　　　　　　　④ CIF BUSAN

2) 수입국 항구까지의 해상운임이 가격에 포함되지 않는 조건은?
　① FOB　　　　　② CFR　　　　　③ CIF　　　　　④ DDP

3) 수출자가 적하보험을 들어야 하는 조건은?
　① EXW　　　　　② FOB　　　　　③ CFR　　　　　④ DDP

4) 수입자가 수출자에게 지급하는 금액과 별도로 수출국에서의 통관비용을 부담하는 조건은?
　① EXW　　　　　② FOB　　　　　③ CIF　　　　　④ DDP

5) 뉴욕항에서 부산항까지의 해상운임이 US$1,000이고 적하보험료가 US$100이라고 가정했을 때 다음 두 가지 거래조건 중에서 수입자에게 유리한 조건은?
　① US$10,000/FOB NEW YORK　　　② US$11,000/CIF BUSAN

[6~10] 공장이 서울에 있는 수출자가 뉴저지에 있는 수입자에게 물건을 수출한다고 가정하고 공장도 가격 및 각종 부대비용이 아래와 같다고 가정했을 때 각 거래조건별로 가격을 구하시오.

공장도 가격	US$30,000
서울에서 부산항까지의 내륙운송비	US$300
수출통관비	US$100
부산항에서 뉴욕항까지의 해상운임	US$2,000
부산항에서 뉴욕항까지의 해상적하보험료	US$200
수입통관비(관세 포함)	US$1,000
뉴욕항에서 뉴저지까지의 내륙운송비	US$300

6) EXW SEOUL FACTORY

7) FOB BUSAN

8) CFR NEW YORK

9) CIF NEW YORK

10) DDP NEW JERSEY WAREHOUSE

창호가 문제를 푸는 동안 이 교수는 잠시 소파에서 휴식을 취했다. 창호는 문제를 풀어나가면서 그동안 배운 내용이 비로소 머릿속에 정리가 되는 것 같은 느낌이 들었다. 또한 왜 이 교수가 그토록 인코텀즈의 중요성을 강조했는지 조금은 알 것 같았다.

5번 문제를 제대로 풀 수 없다면 수입자의 입장에서 손해를 볼 수도 있을 것이고 6번에서 10번까지의 문제를 제대로 풀 수 있어야 수출자의 입장에서 정확한 수출가격을 계산할 수 있을 거라는 생각이 들었다.

"다 풀었냐?"

창호가 문제지에서 눈을 떼자마자 이 교수가 기다렸다는 듯이 물었다.

"예."

"여기 정답이 있으니 맞춰봐라."

이 교수가 해설이 곁들여진 정답지를 건네주었다.

정답

1) 정답 ②

FOB는 선적항에서 물건을 인도하는 조건이므로 뒤에 선적항이 어디라는 것을 명시해야 하고 CIF는 도착항까지의 해상운임과 보험료가 포함된 조건이므로 뒤에 도착항을 명시해야 한다. 따라서 우리 나라에서 일본으로 수출하려면 FOB BUSAN 또는 CIF TOKYO가 되어야 한다.

2) 정답 ①

FOB는 비용의 분담시점이 선적항이므로 수입국 항구까지의 해상운임은 가격에 포함되지 않는다.

3) 정답 ④

EXW, FOB, CFR은 수출국에서 위험이 이전되므로 수출자가 보험을 들 필요가 없다.

4) 정답 ①

EXW는 가격에 수출입에 따르는 모든 부대비용이 포함되지 않은 조건이므로 수입자는 수출자에게 지급하는 금액과 별도로 수출국에서의 통관비용도 부담해야 한다.

5) 정답 ②

CIF 가격은 FOB 가격에다 도착항까지의 해상운임과 적하보험료를 더한 가격이므로 ①번 가격을 CIF BUSAN 조건의 가격으로 바꾸면 US$10,000 + US$1,000 + US$100 = US$11,100이 된다. 따라서 ②번 가격이 ①번 가격보다 US$100이 싸므로 수입자에게 유리한 조건이다.

6) 정답 US$30,000

EXW 조건의 가격에는 아무런 부대비용도 포함시키지 않는다.

7) 정답 US$30,400

FOB 조건의 가격에는 EXW 조건의 가격(US$30,000)에다 수출국 내에서의 내륙운송비(US$300)와 수출통관비(US$100)를 포함시킨다.

8) 정답 US$32,400

CFR 조건의 가격에는 FOB 조건의 가격(US$30,400)에다 도착항까지의 해상운임(US$2,000)을 포함시킨다.

9) 정답 US$32,600

CIF 조건의 가격에는 CFR 조건의 가격(US$32,400)에다 도착항까지의 적하보험료(US$200)를 포함시킨다.

10) 정답 US$33,900

DDP 조건의 가격에는 CIF 조건의 가격(US$32,600)에다 수입통관비(US$1,000)와 수입국 내에서의 내륙운송비(US$300)를 포함시킨다.

"몇 점이나 맞았냐?"

이 교수가 물었다.

"100점입니다."

창호가 어깨를 으쓱이며 말했다.

"문제가 너무 쉽지? 하지만 이 정도 문제를 풀 실력만 돼도 당장 현장에서 무역 업무를 처리하는 데 큰 문제가 없다. 문제는 시간이 지나면 기억에서 가물거리게 마련이라는 거지. 그래서 나중에라도 쉽게 참고할 수 있도록 11가지 조건의 핵심사항을 정리한 표를 준비해놓았다."

이 교수는 '인코텀즈의 핵심정리'라는 제목의 표를 테이블에 올려놓았다.

인코텀즈의 핵심정리

조건명	해설	비용의 분담	위험의 이전
EXW	Ex Works의 약자로서 공장이나 창고와 같은 지정된 장소에서 수출통관을 하지 않은 물품을 인도하는 조건	공장이나 창고와 같은 지정된 장소에서 물품을 인도하였을 때	공장이나 창고와 같은 지정된 장소에서 물품을 인도하였을 때
FOB	Free On Board의 약자로서 지정된 선적항에서 수입자가 지정한 선박에 물품을 적재하여 인도하는 조건	지정된 선적항에서 수입자가 지정한 선박에 물품을 적재하였을 때	지정된 선적항에서 수입자가 지정한 선박에 물품을 적재하였을 때
FAS	Free Alongside Ship의 약자로서 지정된 선적항에서 수입자가 지정한 선박의 선측에서 물품을 인도하는 조건	지정된 선적항에서 수입자가 지정한 선박의 선측에서 물품을 인도하였을 때	지정된 선적항에서 수입자가 지정한 선박의 선측에서 물품을 인도하였을 때
FCA	Free Carrier의 약자로서 수출국 내의 지정된 장소에서 수입자가 지정한 운송인에게 수출통관이 완료된 물품을 인도하는 조건	수입자가 지정한 운송인에게 물품을 인도하였을 때	수입자가 지정한 운송인에게 물품을 인도하였을 때
CFR	Cost and Freight의 약자로서 선적항에서 물품을 적재하여 인도하고 지정된 목적항까지의 운임을 수출자가 부담하는 조건	지정된 목적항에 물품이 도착하였을 때	선적항에서 물품이 적재되었을 때
CIF	Cost Insurance and Freight의 약자로서 선적항에서 물품을 적재하여 인도하고 지정된 목적항까지의 운임과 보험료를 수출자가 부담하는 조건	지정된 목적항에 물품이 도착하였을 때 (적하보험료 포함)	선적항에서 물품이 적재되었을 때

(계속)

조건명	해설	비용의 분담	위험의 이전
CPT	Carriage Paid To의 약자로서 수출자가 선택한 운송인에게 물품을 인도하고 지정된 목적지까지의 운송비를 수출자가 부담하는 조건	지정된 목적지에 물품이 도착하였을 때	수출자가 선택한 운송인에게 물품을 인도하였을 때
CIP	Carriage and Insurance Paid To의 약자로서 수출자가 선택한 운송인에게 물품을 인도하고 지정된 목적지까지의 운송비와 보험료를 수출자가 부담하는 조건	지정된 목적지에 물품이 도착하였을 때 (적하보험료 포함)	수출자가 선택한 운송인에게 물품을 인도하였을 때
DAP	Delivered At Place의 약자로서 지정된 목적지에 도착한 운송수단에서 물품을 내리지 않은 상태로 인도하는 조건	지정된 목적지에서 물품을 인도하였을 때	지정된 목적지에서 물품을 인도하였을 때
DPU	Delivered At Place Unloaded의 약자로서 지정된 목적지에 도착한 운송수단에서 물품을 내려서 인도하는 조건	지정된 목적지에서 물품을 내려서 인도하였을 때	지정된 목적지에서 물품을 내려서 인도하였을 때
DDP	Delivered Duty Paid의 약자로서 수입통관된 물품을 지정된 목적지에 도착한 운송수단에서 내리지 않은 상태로 인도하는 조건	지정된 목적지에서 물품을 인도하였을 때 (수입통관비용 포함)	지정된 목적지에서 물품을 인도하였을 때

"정리가 잘된 거 같으냐?"

이 교수가 물었다.

"예. 나중에 요긴하게 사용할 수 있을 것 같아요. 근데 실제 거래를 할 때는 거래조건을 어떤 식으로 정하나요?"

"실제 거래에서 어떤 정형거래조건을 적용할지는 수출자와 수입자의 합의에 따른다. 일반적으로 수출자가 임의의 거래조건(주로 FOB나 CIF)을 적용한 가격을 산출해서 수입자에게 제시하면, 수입자는 거래조건을 그대로 두고 가격만 네고하거나, 다른 거래조건으로 변경해달라고 요청할 수도 있다."

"다른 거래조건으로 변경할 때 가격은 어떻게 하나요?"

"수입자가 거래조건의 변경을 요청할 경우 수출자는 수입자가 원하는 거래조건을 적용한 가격을 새로 산출하여 제시해야 한다. 예를 들어 FOB 조건으로 가격을 제시했는데 CIF 조건으로 바꿔달라고 하면 이미 제시했던 가격에다 도착항까지의 해상운임과 보험료를 더해서 제시하면 된다."

"그럼 가격만 놓고 보면 어떤 조건이 누구에게 유리 또는 불리하다고 단정지을 수는 없겠네요?"

"그렇다. 수출자의 입장에서 보면 거래조건에 따라 자신이 부담해야 하는 비용과 위험을 반영한 가격을 수입자로부터 지급받으니까 어떤 거래조건을 적용하는 것이 유리 또는 불리하다고 단정할 수는 없다. 다만 비용과 위험을 부담하는 구간이 큰 거래조건일수록 그만큼 신경을 많이 써야 하고 운송계약이나 보험계약에 따르는 일거리가 늘어나게 되므로 불편하다고 할 수 있지. 반대로 수입자의 입장에서는 수출자가 비용과 위험을 부담하는 구간이 클수록 그만큼 신경을 덜 써도 되고 운송계약이나 보험계약에 따르는 일거리도 줄어들게 되어 편리하다고 할 수 있고."

"보험료나 운송비 같은 부대비용은 누가 네고를 하느냐에 따라서 달라질 수 있지 않나요?"

"그렇다. 따라서 수출자가 상대적으로 대기업이거나 수출물량이 많아서 운송계약이나 보험계약을 유리한 조건으로 체결할 수 있다면 가급적 CIF와 같이 운송비나 보험료가 포함된 거래조건으로 계약하는 것이 바람직하다. 반대로 수입자가 상대적으로 대기업이거나 수입물량이 많아서 운송계약이나 보험계약을 좀 더 유리한 조건으로 체결할 수 있다면 가급적 FOB와 같이 운송비나 보험료가 포함되지 않은 거래조건으로 계약함으로써 운송비나 보험료를 절약할 수 있지."

"인코텀즈는 아무리 배워도 끝이 없는 것 같아요. 열한 가지나 되는 조건을 한꺼번에 배웠더니 다 비슷비슷한 것 같고⋯⋯."

창호가 한숨을 내쉬었다.

"너무 걱정하지 마라. 어차피 실제 거래에서는 건별로 한 가지 조건만 사용하게 될 테니까. 마지막으로 실제 거래에서 가장 많이 쓰이는 FOB와 CIF에 대해서 다시 한 번 정리해보도록 하자."

이 교수가 또 한 장의 그림을 테이블 위에 올려놓았다.

"최소한 이 두 가지 조건만이라도 머릿속에 확실하게 새겨두어야 한다. 이제까지 배운 대로 FOB는 선적항까지의 비용이 포함된 조건이고, CIF는 도착항까지의 비용이 포함된 조건이다. 따라서 FOB Busan은 부산항에서 물건을 선적할 때까지의 비용이 포함된 조건이고, CIF New York은 물건이 뉴욕항에 도착할 때까지의 비용이 포함된 조건이라고 정리할 수 있다. 전에도 얘기했듯이 인코텀즈에서는 이 조건들을 해상운송의 경우에만 사용하라고 명시해놓았지만 현장에서는 운송방법과 상관없이 두루 사용되고 있다. 그러니 그냥 간단하게 FOB는 출발지까지의 비용이 포함된 조건이고 CIF는 도착지까지의 비용이 포함된 조건이라고 기억해둬라."

이 교수는 테이블 위에 올려놓았던 인코텀즈 관련 강의자료를 주섬주섬 챙겨들었다.

"인코텀즈를 마친 소감이 어떠냐?"

이 교수의 표정에는 피곤함이 묻어 있었다.

"솔직히 한꺼번에 너무 많은 걸 배워서 헷갈려요."

"그럴 거다. 하지만 실무를 하다보면 금방 익숙해질 테니 너무 걱정하지 않아도 된다."

"아무튼 인코텀즈를 끝내니까 한결 마음이 가벼워지는 것 같아요."

"그렇지? 인코텀즈야말로 무역실무를 마스터하기 위해서 넘어야 하는 가장 높고 험한 산이다. 이제 인코텀즈 산을 넘었으니 앞으로는 탄

탄대로만 남아 있는 셈이다."

"믿어도 돼요?"

창호가 짐짓 심각한 표정을 지었다.

"최고의 무역전문가 말을 믿지 않으면 누구 말을 믿겠냐?"

이 교수가 응수했다.

"참, 내가 너희 아버지의 친구란 건 어떻게 알았냐?"

이 교수가 갑자기 생각난 듯이 물었다.

"어머니 때문에요."

"어머니 때문이라니?"

"언젠가 집에서 할 일 없이 TV 채널을 이리저리 돌리고 있는데 화면에 무슨 특강 프로그램이 나오자 어머니가 채널을 돌리지 못하게 했어요. 평소에 어머니가 시청할 만한 프로그램도 아닌데."

"……."

"이상해서 물어보니까 특강 강사가 아는 사람이라고 하더라고요."

"……."

"어떻게 아는 사이냐고 하니까 처음엔 말씀을 안 하다가 자꾸 보채니까 마지못해서 아버지의 친구라고 하셨어요."

"그밖에 다른 말씀은 안 하셨냐?"

잠자코 듣기만 하던 이 교수가 입을 열었다.

"별로요. 어머니는 아버지와 관련된 이야기만 나오면 입을 다물었어요."

"나는 너희 아버지의 둘도 없는 친구이자 사업의 동반자였다."

"그럼 두 분이 같이 무역회사를 창업한 거예요?"

"아니다. 너희 아버지 혼자 창업을 했고 난 종합상사에 다니고 있다가 나중에 합류한 거다."

"좀 더 자세히 말씀해주세요. 저희 아버지는 어떤 분이셨는지. 어떻게 돌아가셨는지."

"시간이 너무 늦었다. 그 얘긴 나중에 하자."

이 교수가 서둘러 자리에서 일어섰다.

결제는
어떻게 하나

포장조건과 선적조건을 배우다

세 번째 강의는 주말을 이용해서 양평에 있는 이 교수의 별장에서 하기로 했다. 별장은 북한강이 내려다보이는 언덕 위에 자리 잡고 있었다.

"지금까지 배운 내용을 정리해보자."

별장 주변의 경치에 취해 있는 창호에게 음료수를 권하고 나서 이 교수가 입을 열었다.

"지난 시간에 바이어와 셀러가 무역거래를 성사시키기 위해서 합의해야 하는 계약조건에 대해서 설명하다 중단되었다. 어떤 물건(description) 몇 개(quantity)를 어떤 거래조건(trade terms)에서 단가(unit price)는 얼마고 총액(amount)은 얼마라는 걸 정하는 것까지 알아보았지. 지금까지 배운 조건들이 계약을 좌우하는 핵심 조건이라고 할 수 있는데 이밖에도 몇 가지 정해야 할 조건들이 남아 있다."

"그게 뭔가요?"

"우선 포장(packing)을 어떻게 해야 할지를 정해야 한다."

"포장이라면?"

"몇 개를 어떤 포장용기에 어떤 식으로 포장할 것인지를 구체적으로 정하는 거다. 보통 포장방식에 대해서는 수출자가 임의로 정하지만 수입자가 특별한 포장방식을 요구하는 경우도 있다. 아무튼 포장방식에 대해서는 바이어와 셀러가 협의해서 정하면 되는 거니까 미리 공부해 둘 건 없다. 다만 포장과 관련해서 shipping mark란 걸 알아둘 필요가 있다."

"shipping mark가 뭐예요?"

"여기 그림에서 보듯이 물건을 담은 포장박스 표면에 표시를 하는 거다."

이 교수는 shipping mark라는 제목이 붙은 그림을 테이블 위에 올려 놓았다.

"왜 이런 표시를 하나요?"

"무역거래는 국내거래와 달리 특별한 경우가 아니면 내 물건만 따로 싣고 갈 수가 없다. 때로는 한 대의 컨테이너 안에도 여러 회사의 물건이 함께 실릴 수도 있고. 이럴 때 만일 포장박스에 아무런 표시를 해 놓지 않으면 여러 가지 문제가 생길 수 있다. 물건이 도착했을 때 수입자가 자신의 물건을 찾기가 힘들 수도 있고, 도착항까지 가는 도중에 다른 항구에서 물건이 내려질 수도 있고. 그런 문제를 방지하기 위해서 표시하는 것이 shipping mark다."

"shipping mark는 어떻게 정하나요?"

"정해진 원칙이 있는 건 아니지만 샘플에서 보듯이 맨 위에 수입자의 이니셜, 다음에 최종도착지를 표시하고 그 밑에 포장박스의 일련번호를 표시하는 것이 일반적이다. 그림에서 C/N는 carton number 또는 case number의 약자로서 물건을 포장한 박스의 일련번호를 뜻한다."

"일련번호는 왜 표시하나요?"

"여러 가지 물건을 한꺼번에 실었을 때 바이어가 박스를 열어보지 않더라도 안에 어떤 물건이 들어 있는지를 쉽게 확인하기 위해서지."

"어떻게 확인하는데요?"

"수출자가 따로 작성하는 포장명세서라는 서식에 박스번호 몇 번에서부터 몇 번까지는 어떤 물건이 들어가 있다는 식으로 표시함으로써 각 박스 안에 어떤 물건이 들어 있는지를 쉽게 확인할 수 있다."

"포장조건 외에 또 합의해야 할 것이 있나요?"

"선적항(shipping port), 목적지(destination), 선적기일(shipment date) 등과 같은 선적조건을 정해야 한다."

"선적기일은 구체적으로 어떤 날짜를 뜻하나요?"

"보통 국내거래에선 납기라는 걸 정하는데 납기라고 하면 그날까지 물건을 도착시켜준다는 뜻으로 해석한다. 하지만 무역거래에선 출발일이나 도착일은 정할 수가 없다. 풍랑이 심해서 출항이 지연되거나 항해일수가 늘어날 수도 있기 때문이지. 그래서 무역거래인 경우에는

Shipping Mark

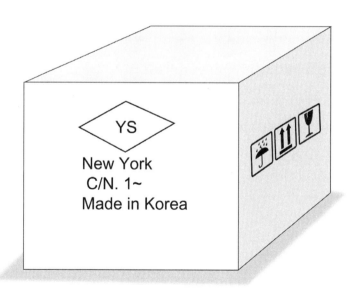

출발일이나 도착일 대신에 물건을 언제까지 실을 것인가 하는 선적기일을 정하게 되는 거다.”

“포장조건이나 선적조건 말고 또 정해야 할 것이 있나요?”

“중요한 것이 남았다.”

“그게 뭔가요?”

“바로 대금결제(payment)를 어떻게 하느냐를 정하는 거다. 무역거래를 하기 위해서 합의해야 할 조건들이 많지만 그중에서 가장 합의하기 힘든 것 중에 하나가 바로 결제조건이지. 수출자는 돈을 먼저 받길 원하고 수입자는 물건을 먼저 받길 원하는 상황에서 누군가는 양보를 해야 하는데 그게 쉬운 일이 아니기 때문이다. 특히 처음 거래를 시작할 때 결제조건에 합의하기가 여간 힘들지가 않다. 그래서 다른 모든 조건에 합의했는데도 결제조건에 합의하지 못해서 거래가 무산되는 경우가 비일비재하다.”

“정말 결제조건에 합의하기가 쉽지 않겠네요.”

“그러기 때문에 우선 무역거래에 사용할 수 있는 다양한 결제방식에 대해서 정확히 이해하는 것이 중요하다.”

이 교수는 잠시 말을 멈추고 강의노트를 뒤적거렸다.

대금결제는 어떻게 하나

잠시 후 한숨 돌린 이 교수가 입을 열었다.

"무역거래에서 가장 많이 사용하는 결제방식이 바로 송금방식과 신용장방식이다."

"송금방식이라면 국내에서 송금하는 것과 같은 방식인가요?"

"거의 같다고 할 수 있다. 국내에서 돈을 받을 사람의 계좌번호만 알면 상대방 계좌로 돈을 보낼 수 있듯이 외국으로 돈을 보낼 때도 상대방 은행과 계좌번호만 알면 은행을 통해서 손쉽게 돈을 보낼 수가 있지. 외국에서 돈을 받을 때도 상대방에게 은행명과 계좌번호만 알려주면 되고. 영어로는 telegraphic transfer 또는 줄여서 T/T라고 한다."

"그럼 송금방식에 대해서는 따로 배울 것이 없겠네요."

"그렇다. 송금방식으로 돈을 보내고 받는 것은 따로 배워둘 필요가 없을 정도로 간단하고 편리하다. 문제는 언제 돈을 보내느냐 하는 건데, 수출자는 돈부터 보내라고 하고 수입자는 물건부터 보내라고 하기 십상이지. 결국 송금방식은 한쪽에서 상대방을 믿고 양보해야만 사용할 수 있는 방법인데 그것이 여의치 않을 때 대안으로 사용하는 것이 바로 신용장이다."

"드디어 신용장이 나오는군요."

창호가 기대에 찬 눈빛으로 말했다.

"신용장이야말로 인코텀즈와 더불어서 무역실무 전 과정 중에서 가장 중요한 부분이다. 그러니까 지금부터 정신 똑바로 차려야 한다."

"명심하겠습니다."

창호가 자세를 고쳐 앉았다.

"무역실무 책에 보면 신용장에 관한 내용이 복잡하고 관련용어도 많이 등장하지만 그중 상당부분은 일반적인 무역거래를 하는 데 몰라도 되는 것들이다."

"몰라도 되는데 왜 책에 등장하는 거죠?"

창호가 이해가 되지 않는다는 투로 물었다.

"우선 책에서 다루는 신용장 내용 중엔 은행과 은행 간의 업무와 관련된 것들이 상당부분을 차지하고 있다. 예를 들어 수출자의 은행과 수입자의 은행 간에 직접 거래가 없을 경우에 제삼의 은행이 개입하는 것과 같은. 하지만 이런 내용은 무역업자가 몰라도 신용장 업무를 처리하는 데 문제가 없는 것들이다. 우리가 국내에서 은행을 통해서 돈을 보내고 받을 때 은행 간에 어떤 식으로 돈을 주고받는지 알 필요가 없는 것과 마찬가지로 신용장방식으로 거래할 때도 은행원이 아닌 이상 은행에서 처리하는 업무 내용까지 자세히 알 필요는 없는 거지."

이 교수가 다소 흥분한 목소리로 말했다.

"그뿐만 아니라 신용장의 종류나 용어에 관한 설명 중에도 현장에서 거의 쓰이지 않는 지엽적인 내용까지 다루다 보니까 처음 신용장을 배우는 사람들을 질리게 한다. 신용장이 뭐라는 거와 몇 가지 용어만 알아도 일반적인 무역거래를 하는 데 아무런 문제가 없는데 말이다."

이 교수는 그밖에도 할 말이 많았지만 진도를 나가기 위해서 참는 것 같았다.

"신용장이란 게 도대체 뭔가요?"

눈치를 채고 창호가 물었다.

"신용장이란 영어로는 Letter of Credit, 줄여서 L/C라고 하는데 한마디로 정의하면 수입자의 거래은행에서 수출자에게 돈을 주겠다고 약속하는 증서라고 할 수 있다."

"왜 은행에서 수출자에게 약속을 하나요?"

"원래는 수입자가 약속을 해야 하는데 수출자가 수입자의 약속을 믿고 물건을 실을 수 없으니까 수입자 대신 믿을 수 있는 은행에서 약속하도록 한 거다."

"은행에서는 무엇 땜에 수입자를 대신해서 약속을 하나요?"

"수수료를 챙기기 위해서지. 만약의 경우를 대비해서 수입자로부터 담보를 받고 신용장을 개설해주기 때문에 은행으로서는 손해날 것이 없다."

"그럼 수출자의 입장에선 신용장만 있으면 돈을 떼일 걱정을 할 필요가 없겠네요."

"그렇다. 신용장을 개설한 은행이 망하지 않는 한 신용장에서 요구하는 서류만 완벽하게 준비하면 돈을 떼일 염려가 없지."

"만약 수입자가 망하거나 도망을 가면 어떻게 되나요?"

"신용장은 은행에서 수입자와 상관없이 수출자에게 돈을 주겠다고 약속하는 증서이기 때문에 수입자가 망하거나 도망을 가더라도 수출자는 돈을 받을 수가 있다."

"그럼 수출자는 신용장만 있으면 무조건 돈을 받을 수 있는 거네요."

"은행의 입장에서 무조건 돈을 주는 것은 아니고 몇 가지 전제조건이 있다."

"그게 뭔가요?"

"첫째는 description이다."

"description이라면?"

"신용장에서 명시한 물건을 실어야만 한다는 거지. 신용장에 명시된 물건이 아니면 아무리 값진 물건을 싣는다고 해도 돈을 주지 않는다는 뜻이다."

"두 번째 조건은 뭔가요?"

"latest date of shipment, 즉 신용장에 명시한 최종선적기일 내에 물건을 실어야 한다는 거다. 아무리 신용장에 명시된 물건을 싣더라도 최종선적기일이 지나서 물건을 실으면 돈을 주지 않는다."

"세 번째는요?"

"documents required, 즉 신용장에서 요구하는 서류를 제출해야만 돈을 주겠다는 거다. 은행의 입장에서 보면 수출자가 신용장에 명시된 물건을 최종선적기일 내에 싣는지 여부를 직접 확인할 수가 없기 때문에 그와 같은 사실을 입증할 수 있는 서류를 받고 돈을 지급하겠다는 거지."

"그게 다인가요?

"한 가지 조건이 더 있다. 바로 date of expiry, 즉 신용장에서 정한 유효기일 내에 서류를 제출해야만 돈을 준다는 뜻이지."

"그럼 신용장이란 수출자가 신용장에 명시된 물건을 신용장에 명시된 최종선적기일 내에 싣고 신용장에서 요구하는 서류를 준비해서 신용장에서 정한 유효기일 내에 제출하면 돈을 주겠다고 약속하는 증서라고 정리할 수 있겠네요."

"100점이다."

"그러니까 수출자는 신용장을 받은 후 앞서 언급한 조건들을 확인해서 이상이 없으면 물건을 선적하고 서류를 준비해서 은행에 제출하고 돈을 받으면 된다."

"이제 대충 신용장이 뭔지 감이 잡히네요."

"대충이라니?"

이 교수가 말꼬리를 잡았다.

"앗, 죄송합니다. 대충이 아니라 제대로 감을 잡은 것 같아요. 그런데 송금방식과 신용장방식 외에 다른 결제방식은 없나요?"

창호가 물었다.

"일반적인 무역거래는 거의 대부분 송금방식 아니면 신용장방식으로 이루어지지만 굳이 한 가지를 추가하자면 추심방식이라는 것이 있다."

"추심방식이란 건 또 뭔가요?"

"추심방식이란 수출자로부터 위임을 받은 은행에서 수입자로부터 물품대금을 받아서 수출자에게 전해주는 방식이다. 이때 수출자의 요청에 따라 추심을 의뢰하는 수출자의 거래은행을 추심의뢰은행이라고 하고 수입자로부터 돈을 받아서 전해주는 수입자의 거래은행을 추심은행이라고 한다."

"신용장방식과의 차이는 뭔가요?"

"신용장방식에서는 은행에서 대금지급을 약속하지만 추심방식에서는 수입자가 지급한 돈을 전해주는 역할만 한다."

"그럼 추심방식으로 거래하다가 수입자가 돈을 내지 않으면 어떻게 되나요?"

"추심방식에선 은행에서 책임을 지지 않으니까 수출자가 손해를 봐야지."

"책에 보니까 팩토링(Factoring)과 포페이팅(Forfeiting)에 대한 설명도 나오던데요?"

"팩토링방식은 수출자가 수입자에게 외상으로 물건을 수출한 후 수출채권을 팩토링회사에 양도하고 팩토링회사로부터 수출대금의 전부 또는 일부를 미리 지급받는 방식이다."

"포페이팅은요?"

"포페이팅은 수출자가 무역거래에서 발생하는 장기외상채권을 포페이터에게 할인양도하는 방식으로서 대금결제방식이라기보다는 금융기법의 일종이라고 할 수 있다."

"두 가지 방식의 차이가 뭔가요?"

"팩토링은 결제기간이 1년 이내의 단기면서 거래금액이 소액일 때 주로 사용하고, 포페이팅은 결제기간이 1년 이상의 장기면서 거래금액이 100만 달러 이상의 거액일 때 주로 사용한다."

"설명을 잘해주셔서 머리에 쏙쏙 들어오네요."

"인코텀즈보다 쉽지? 자, 지금부턴 각 결제방식별로 대금결제가 어떻게 이루어지는지를 알아보기로 하자."

송금방식을 배우다

"우선 국내거래에서는 판매자가 구매자에게 물건을 보내주면 그만
이지만 무역거래에서는 수출자가 물건을 실어 보내는 것 외에 반드시
해야 할 일이 있다."

"그게 뭔가요?"

"바로 서류를 보내주는 거다."

"왜 서류를 보내줘야 하나요?"

"서류가 있어야 통관을 할 수 있고 물건을 찾을 수 있기 때문이다."

"어떤 서류를 보내주나요?"

"수출자가 물건을 선적하고 나서 보내주는 서류를 선적서류
(shipping documents)라고 한다. 그중에서 가장 중요한 서류가 바로 B/L
이라고 불리는 선하증권(Bill of Lading)이지."

"선하증권이 뭐예요?"

"선박회사가 발행하는 일종의 화물인수증이라고 할 수 있다. 수출자는 물건을 선적하고 선하증권을 발급받아서 수입자에게 보내주고 수입자는 선하증권을 선박회사에 제시하고 물건을 찾게 되는 거지."

"서류는 어떻게 보내나요?"

"송금방식에서는 특별한 경우를 제외하고는 선적 후에 선적서류를 수입자에게 직접 보내주지만 신용장이나 추심방식에서는 은행을 통해서 보내준다."

이 교수는 잠시 쉬었다가 말을 이었다.

"지금부터 보여주는 건 각 결제방식별로 대금결제가 이루어지는 과정을 보여주는 그림이다. 우선 송금방식은 돈을 언제 보내느냐에 따라서 물건을 싣기 전에 보내는 사전송금방식과 물건이 선적된 후에 보내는 사후송금방식으로 나누어진다. 먼저 사전송금방식에 대해 알아보기로 하자."

이 교수가 올려놓은 그림에는 사전송금방식이란 제목이 붙어 있었다.

"그러니까 사전송금방식이란 수출자의 입장에서 보면 물품대금을 먼저 받은 다음에 물건을 싣고 선박회사로부터 B/L을 받아서 보내주면 되는 거네요."

"그렇지. 결국 수출자에게 가장 안전한 방식이라고 할 수 있지."

"하지만 수입자의 입장에서 보면 가장 위험한 방식이네요."

"그런 셈이지."

사전송금방식

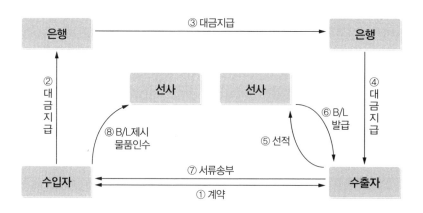

사후송금방식

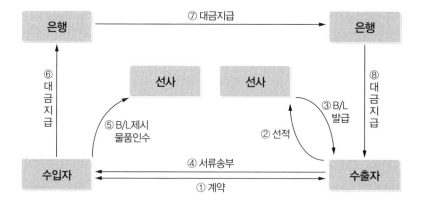

"수출자가 물품대금을 받고 물건을 싣지 않으면 어떻게 하나요?"

"수입자로서는 돈을 떼이는 거지. 따라서 수입자의 입장에서는 거래금액이 소액이거나 수출자를 완전히 믿을 수 있는 경우에만 사용할 수 있는 방식이다."

"사전송금방식은 영어로 뭐라고 하나요?

"보통 T/T in advance라고 하는데 수입자가 물건을 주문하면서 미리 대금을 지급한다는 뜻에서 CWO(Cash with Order)라고 부르기도 한다."

이 교수는 잠시 쉬었다가 사후송금방식이란 제목이 붙어 있는 그림을 올려놓았다.

"그림에서 보듯이 사후송금방식은 수출자가 물건을 선적한 후에 물품대금을 보내는 방식이다."

"구체적으로 돈은 언제 보내나요?"

"송금시점은 수출자와 수입자 간에 계약을 체결할 때 정해야지. 예를 들어서 90 days after invoice date라고 하면 invoice 발행일로부터 90일 후에 대금을 결제한다는 뜻이다."

"정해진 날짜에 돈을 보내지 않으면 어떻게 되나요?"

"사후송금방식이라는 건 물건부터 실어 보내고 돈은 나중에 받는 거니까 정해진 날짜에 돈을 보내지 않으면 수출자로선 돈을 떼이게 되는 거지. 따라서 수출자에겐 대금회수의 보장이 없는 위험한 방식이다."

"그럼 사후송금방식은 수입자를 완전히 믿을 수 있는 경우에만 사용할 수 있겠네요."

"그렇지. 대개 모르는 상대방하고 처음 거래를 할 때는 사전송금방식이나 신용장방식으로 시작했다가 수입자의 신용이 확인되고 나면 사후송금방식이나 추심방식으로 바꾸게 된다."

"그러니까 결제방식은 동일한 거래처와도 계속 바뀔 수 있는 거군요."

"그럼. 그뿐만 아니라 한번에 복수의 결제방식을 혼합해서 사용할 수도 있다. 예를 들어서 50%는 사전송금방식으로 결제하고 나머지 50%는 신용장방식이나 사후송금방식으로 하는 것처럼 말이다."

"사후송금방식은 영어로 뭐라고 하나요?"

"보통 T/T within 90 days after invoice date와 같이 표시한다. 또 O/A, COD, CAD와 같은 용어를 사용하기도 한다."

"O/A가 뭐예요?"

"O/A란 Open Account의 약자로서 사후송금방식의 일종이라고 할 수 있다."

"사후송금방식의 일종이란 게 무슨 뜻이에요?"

"보통 사후송금방식이라고 하면 선적서류 또는 수출물품이 수입자에게 인도되어야만 수출채권이 발생하지만 O/A방식에서는 수출자가 물품을 선적한 후 선적사실을 통지함과 동시에 수출채권이 발생한다. 따라서 일반적인 사후송금방식의 거래에서는 수입자가 대금을 송금할 때까지 기다려야 하지만, O/A방식에서는 선적즉시 해당 외상수출채권을 거래은행에 매각함으로써 조기에 수출대금을 현금화할 수도 있다."

"O/A방식의 거래에서는 무조건 은행에서 외상수출채권을 매입해주나요?"

"그건 아니다. 은행에서 볼 때 외상수출채권을 매입하는 것은 일종의 여신행위이기 때문에 신용도가 좋은 일부기업에 한해 허용한다."

"은행에서 외상수출채권을 매입했다가 수입자가 대금을 지급하지 않으면 어떻게 하나요?"

"수출자는 이미 지급받은 수출대금을 은행에 돌려주어야 한다."

"은행은 어떤 경우에도 손해 볼 일이 없겠군요."

"그렇지."

"COD는 뭔가요?"

"COD란 Cash On Delivery의 약자로서 수입자에게 물건을 인도하는 즉시 대금을 결제하는 방식이다. 보통 수입국에 수출자의 지사나 에이전트가 있는 경우에 사용하는 방식으로 해당 지사나 에이전트가 수입자에게 물건을 인도하고 대금을 지급받는 식으로 거래가 이루어진다."

"CAD는요?"

"CAD란 Cash Against Documents의 약자로서 수입자가 선적서류를 받는 즉시 대금을 결제하는 방식이다. 이 방식은 수출국에 수입자의 지사나 에이전트가 있는 경우에 해당 지사나 에이전트가 선적 전에 물건을 확인하고 선적서류를 인도받는 즉시 대금을 지급하는 식으로 거래가 이루어진다."

"그럼 CAD방식은 수출국에 수입자의 지사나 에이전트가 없는 경우에는 사용할 수 없나요?"

"그런 경우에는 수출자가 물건을 선적한 후 선적서류를 수입자의 거래은행으로 보낸 다음 수입자가 선적서류를 수령함과 동시에 결제대금을 송금하는 방식으로 거래를 진행할 수도 있다."

"어휴, 복잡하네요."

"송금방식의 거래가 워낙 다양한 형태로 이루어지기 때문에 헷갈릴 거다. 현장에서는 앞서 언급한 용어를 다르게 해석하거나 변형해서 사용하기도 한다. COD와 CAD는 서류 또는 물건을 인도함과 동시에 대금을 결제한다고 해서 동시지급조건 또는 현금지급조건이라고 부르기도 하고. 따라서 송금방식으로 거래할 때는 언제 어떻게 대금을 지급할지를 구체적으로 명확하게 합의해두는 것이 좋다."

"송금방식과 관련해서 더 알아야 할 건 없나요?"

"BWT방식도 거래의 특성상 사후송금방식으로 대금결제가 이루어진다."

"BWT가 뭐예요?"

"Bonded Warehouse Transaction의 약자로서 수입국에 있는 보세창고에 물건을 보내놓고 현지의 구매자를 물색해서 판매하는 방식을 일컫는다. 물건이 현지에 도착한 후에 대금결제가 이루어지니까 사후송금방식을 사용할 수밖에 없는 경우지."

추심방식을 배우다

"자, 송금방식에 대해서는 그 정도로 마무리 짓고 이제부터 추심방식에 대해서 알아보기로 하자. 추심방식은 은행에서 수입자로부터 대금을 받아서 수출자에게 전달해주는 것이라고 했는데 언제 어떻게 전달하느냐에 따라서 D/P와 D/A로 나눠진다."

"D/P와 D/A는 각각 무엇의 약자인가요?"

"D/P는 Documents against Payment의 약자고 D/A는 Documents against Acceptance의 약자다."

"그것만 가지고는 무슨 뜻인지 감이 안 잡히네요."

"걱정 말아라. 내가 준비한 그림들을 보면 금방 이해가 갈 테니."

이 교수는 먼저 D/P방식이라는 제목이 달린 그림을 올려놓았다.

D/P방식

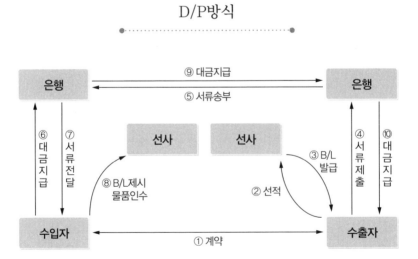

"그림에서 보듯이 D/P방식이란 수출자가 물건을 선적한 후 은행을 통해서 선적서류를 보내면 수입자의 거래은행에서 수입자로부터 물품대금을 받고 서류를 전달하는 방식이다. 여기서 물품대금을 지급해야만 서류를 전달한다고 해서 Documents against Payment라는 용어를 사용하는 거고."

"수입자가 대금을 지급하지 않으면 어떻게 되나요?"

"D/P방식에서는 은행에서 대금지급을 보장하는 것이 아니기 때문에 수입자가 대금을 지급하지 않으면 은행에서는 이와 같은 사실을 수출자에게 전달해주면 그만이다."

"그럼 물건은 어떻게 되나요?"

"우선 수입자는 물건을 찾을 수가 없다. 대금을 지급하지 않으면 선적서류를 받을 수 없기 때문이지. 결국 수입국에 도착한 물건은 수출자가 처분을 해야 하는 데 두 가지 방법 중에 하나를 선택해야 한다."

"두 가지 방법이라면?"

"물건을 도로 싣고 오든가 아니면 현지에 있는 다른 수입자를 접촉해서 파는 거다."

"물건을 도로 싣고 오려면 비용이 발생하고 다른 수입자에게 팔려면 물건값을 깎아주어야 하니까 결국 수출자의 입장에선 손해를 봐야 하는 거네요."

"그렇지. 하지만 최악의 경우에도 원래 주문한 수입자에게 물건을 뺏기는 것은 아니니까 아주 위험한 방식은 아니다. 수입자가 계약을 체결해놓고 물건을 인수하지 않을 정도로 신용이 없는 경우가 아니라면 사용해도 크게 문제될 것이 없는 방식이지."

"D/A와 D/P의 차이는 뭔가요?"

"잠깐만 기다려라."

이 교수는 테이블에 쌓아놓은 강의자료 중에서 D/A방식이라는 제목이 붙은 그림을 뽑아들었다.

"그림에서 보듯이 수입자의 입장에서 봤을 때 D/P는 돈을 내고 서류를 받는 방식이고 D/A는 서류부터 받고 돈은 나중에 내는 방식이다. 즉 D/P는 Documents against Payment의 약자이기 때문에 대금을 먼저 지급하고 서류를 받는 것이고 D/A는 Documents against Acceptance의 약자이기 때문에 서류를 인수하고 돈은 나중에 지급한다는 뜻이지."

"여기서 acceptance의 뜻은 뭔가요?"

"약속한 기일에 대금을 지급하겠다고 약속하는 거다."

"그럼 D/A방식의 거래에서 대금은 언제 지급하는 건가요?"

"그건 계약할 때 정해야지. 예를 들어 D/A 90 days라고 계약을 하면 서류를 인수하고 나서 90일 후에 대금을 지급한다는 뜻이다."

"결국 D/A방식은 수입자의 입장에서 보면 외상수입이라고 할 수 있겠네요."

"그렇지."

"만약 만기일에 수입자가 대금을 지급하지 않으면 어떻게 되나요?"

"D/A방식도 은행에서 책임을 지는 결제방식이 아니기 때문에 수입

D/A방식

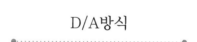

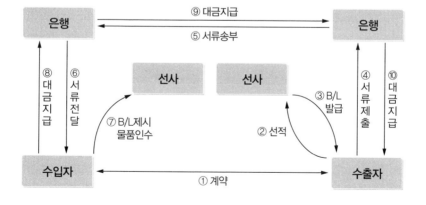

자가 대금을 결제하지 않으면 수출자는 돈을 떼이게 된다. 그러니까 신용이 확인되지 않은 신규거래처와의 거래에서 사용하기는 힘들고 주로 본지사 간의 거래에 사용되는 조건이다."

"이제 신용장방식만 남았네요."

"좀 쉬었다 하자."

이 교수가 강의 자료를 정리하며 자리에서 일어섰다.

신용장방식을 배우다

잠시 후 이 교수는 신용장방식이라는 제목이 붙은 그림을 테이블 위에 올려놓았다.

"신용장방식으로 거래하기 위해선 우선 신용장이 개설되어야 한다. 수입자가 자신이 거래하는 은행에 신용장을 개설해달라고 요청하면 은행에서 신용장을 개설해서 수출자의 거래은행을 통해서 수출자에게 보내준다."

"왜 개설은행에서 직접 수출자에게 보내주지 않나요?"

"개설은행이 수출자와 직접 거래관계가 없기 때문이지. 수출자에게 신용장을 전해주는 은행을 통지은행이라고 하는데 대개 수출자의 거래은행이 통지은행이 되기 마련이다."

"신용장을 받은 수출자는 개설은행의 지급약속을 믿고 먼저 물건을

신용장방식

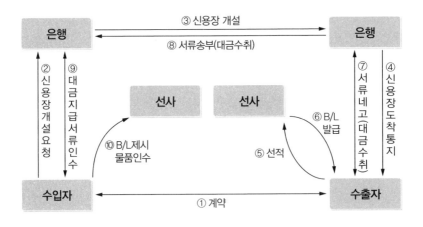

은행 ──── ③ 신용장 개설 ──────▶ 은행
    ◀──── ⑧ 서류송부(대금수취) ────

② 신용장 개설 요청
⑨ 대금지급 서류인수

⑦ 서류네고(대금수취)
④ 신용장 도착통지

선사   선사

⑩ B/L제시 물품인수   ⑥ B/L 발급
            ⑤ 선적

수입자 ◀──── ① 계약 ────▶ 수출자

실은 다음에 선하증권(B/L)을 비롯한 선적서류를 챙겨서 자신이 거래하는 은행에 제출하고 돈을 지급받는 거네요."

"그렇지. 그걸 네고라고 한다."

"네고라면 negotiation의 약자인가요?"

"그렇다."

"그럼 협상이란 뜻인데 무엇을 협상한다는 뜻인가요?"

"여기서는 negotiation의 뜻이 협상이 아니고 금융용어로서 매입(買入)이라는 뜻으로 사용된 것이다."

"매입이라면 누가 무얼 사는 건가요?"

"수출자의 거래은행에서 수출자로부터 선하증권을 비롯한 선적서류를 사는 거다."

"그럼 수출자의 거래은행이 매입은행이 되는 거네요."

"맞다. 개설은행에서 별도로 지정하지 않으면 대개 수출자의 거래은행이 통지은행 겸 매입은행이 된다."

"매입은행에선 수출자로부터 매입한 서류를 개설은행에 보내주고 돈을 받으면 되겠군요."

"그렇지. 그다음부터는 D/P 방식과 같다. 즉 개설은행에서 수입자에게 서류가 도착했다는 걸 통보하면 수입자는 돈을 내고 서류를 받아서 그중에 선하증권(B/L)을 선박회사에 제시하고 물건을 찾는 거다."

"신용장방식에서 수입자가 돈을 내지 않으면 물건은 어떻게 되나요?"

"앞서도 얘기했듯이 신용장은 수입자와 상관없이 개설은행에서 수출자에게 돈을 주겠다고 약속한 것이기 때문에 수입자가 돈을 내지 않으면 개설은행에서 물건을 처분할 수밖에 없다.”

“은행에서 물건을 처분하려면 손해를 볼 텐데요.”

“그래서 신용장을 개설하기 전에 거래약정을 맺고 담보를 받아두었다가 수입자가 돈을 내지 않으면 담보를 처분해서 손해를 보전하게 되는 거다. 어떤 경우라도 은행에서 손해 볼 일은 없다.”

“이제 신용장이 뭔지 확실한 그림이 그려지는 것 같아요.”

“신용장에 대해서는 다음에 좀 더 자세하게 배우기로 하고 우선 환어음에 대해서 알아보자.”

환어음은 무엇인가

"환어음이 뭐예요?"

창호가 물었다.

"국내거래에서 사용하는 어음이 뭔지는 아냐?"

"돈을 줄 사람이 받을 사람에게 언제까지 돈을 주겠다고 약속하는 서식 아닌가요?"

"그렇지. 그런 어음을 약속어음이라고 하지. 그런데 무역거래에서 사용하는 환어음은 국내거래에서 사용하는 어음과는 완전히 다른 개념의 서식이다."

"어떻게 다른데요?"

"일단 환어음은 돈을 줄 사람이 아니라 받을 사람이 발행한다."

"돈을 받을 사람이라면 수출자가 발행한다는 말씀이세요?"

"그렇다."

"수출자가 환어음을 발행하는 목적은 뭔가요?"

"물품대금을 지급하기로 약속한 상대방에게 돈을 지급해달라고 요청하는 거지."

"지급을 약속한 상대방에게 굳이 별도로 요청할 필요가 있나요?"

"우선 송금방식의 경우에는 통상적으로 환어음을 발행하지 않는다. 굳이 돈을 달라고 요청하지 않더라도 수입자가 수출자가 지정한 계좌로 돈을 송금하면 되기 때문이지. 하지만 신용장방식이나 추심방식의 경우에는 수출자와 수입자 간에 직접 대금결제가 이루어지지 않고 은행을 통해서 결제가 이루어지기 때문에 환어음이 필요하게 되는 거다."

"잘 이해가 안 되는데요."

창호가 난감한 표정을 지었다.

"우선 신용장방식의 경우부터 살펴보자. 신용장방식에서 물품대금을 지급하기로 약속한 주체는 누구냐?"

"개설은행이지요."

"하지만 수출자는 개설은행으로부터 직접 물품대금을 지급받기가 쉽지 않다. 개설은행은 수입자의 거래은행이지 수출자의 거래은행이 아니기 때문이지. 그래서 수출자는 개설은행 대신 자신이 거래하는 은행에 선적서류를 제출하고 물품대금을 지급받게 되는 거다."

"그걸 네고라고 하는 거죠?"

"그렇지. 문제는 수출자에게 물품대금을 지급한 매입은행에서 개설은행에 대금을 청구할 때 무턱대고 돈을 달라고 하기가 곤란하다는 거다."

"왜요?"

"원래 신용장이란 개설은행에서 수출자에게 돈을 주겠다고 약속한 거 아니냐. 그러니까 매입은행에서 수출자 대신 개설은행에 돈을 청구하려면 무언가 요식행위가 있어야 하는데 그런 목적으로 사용하는 것이 바로 환어음이다."

"그러니까 환어음이란 수출자가 신용장개설은행에 자신에게 주기로 약속한 물품대금을 매입은행에 지급하라고 위탁하는 서식이라고 이해하면 되겠네요."

"그렇지. 그래서 신용장방식에서 환어음의 지급인(drawee)은 개설은행이 되고 수취인(payee)은 매입은행이 되는 거다."

"이제 좀 이해가 되는 것 같네요."

창호가 안도의 한숨을 내쉬었다.

"자, 여기를 봐라."

이 교수가 bill of exchange라는 제목이 붙은 서식을 테이블 위에 올려놓았다.

"이게 바로 환어음 양식이다. 양식에서 보듯이 환어음을 작성할 때는 우선 어음번호와 금액을 기재하고 지급기일을 표시한다."

"at 다음에 XXX라고 표시한 건 뭔가요?"

"그건 조금 있다 신용장의 종류에 대해서 설명할 때 자세히 설명해주마."

BILL OF EXCHANGE

```
NO. 0609                          BILL OF EXCHANGE,  JUNE 9, 2020 SEOUL, KOREA

FOR  US$41,000.00

AT    XXX       SIGHT OF ORIGINAL BILL OF EXCHANGE(DUPLICATE UNPAID)

PAY TO THE ORDER OF            SEOUL BANK

THE SUM OF  US DOLLARS FORTY ONE THOUSAND ONLY


VALUE RECEIVED AND CHARGE THE SAME TO ACCOUNT OF     HAPPY CORPORATION

      111, HAPPY ROAD, NEW YORK, USA

DRAWN UNDER     NEW YORK BANK

L/C NO.    L12345678

TO    NEW YORK BANK

      2007 WALL STREET

      NEW YORK, USA
```

"pay to the order of 다음에 Seoul Bank라고 기재한 건 뭔가요?"

"그게 바로 수출자가 자신에게 지급하기로 약속한 물품대금을 Seoul Bank에 지급해달라고 위탁하는 내용이다."

"그럼 Seoul Bank가 수출자가 거래하는 은행이고 수출자로부터 선적서류를 매입하는 매입은행이라는 뜻이네요."

"그렇지. 그리고 맨 밑의 칸에 TO 다음에 기재한 New York Bank가 개설은행이다."

"양식을 보니까 좀 더 쉽게 환어음이 무엇인지 이해할 수 있을 것 같아요."

"신용장방식은 이 정도로 해두고 추심방식의 경우를 생각해보자. 신용장방식에서는 개설은행에서 대금지급을 약속한다고 했는데 추심방식에서는 누가 대금지급을 약속하는 거냐?"

"추심방식에서는 은행에서 대금지급을 약속하지 않으니까 수입자가 직접 수출자에게 대금지급을 약속하는 거 아니에요?"

"그렇지. 그러니까 추심방식에서 환어음의 지급인은 수입자가 되는 거다."

"그럼 추심방식에서의 환어음이란 수출자가 수입자에게 추심은행을 통해서 대금을 결제해 달라고 요청하는 서식이라고 이해하면 되겠네요."

"그래. 제대로 이해했다."

"이제 확실하게 환어음이 무엇인지 감을 잡은 것 같아요."

창호가 밝은 표정으로 말했다.

"그럼 환어음은 이 정도로 하고 신용장에 대해서 좀 더 자세하게 알아보도록 하자."

신용장의 종류를 배우다

이 교수는 신용장의 종류라는 제목이 적힌 강의노트를 테이블에 올려놓았다.

"우선 irrevocable L/C라는 것은 한번 개설하면 당사자 전원의 합의가 없는 한 취소할 수 없는 신용장으로서 취소불능신용장이라고 한다."

"그럼 일방적으로 취소가능한 revocable L/C라는 것도 있나요?"

"이론상으로는 가능하지만 실제거래에서 거의 사용하지 않는다. 현장에서 사용하는 신용장은 모두 취소불능신용장이라고 보아도 무방하다. 설사 신용장에 취소불능이라는 표시가 없어도 취소불능으로 간주한다."

"documentary L/C는 뭐예요?"

"documentary L/C는 보통 화환신용장이라고 번역하는데 수출자가

신용장의 종류

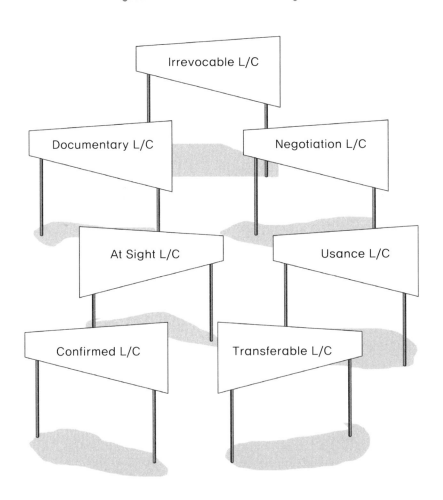

Irrevocable L/C

Documentary L/C

Negotiation L/C

At Sight L/C

Usance L/C

Confirmed L/C

Transferable L/C

물건을 선적하고 개설은행을 지급인으로 하는 환어음을 발행할 때 선적서류를 첨부해야 하는 신용장을 뜻한다. 좀 더 쉽게 얘기하면 말 그대로 서류(document)를 제출해야 대금이 지급되는 신용장이라고 할 수 있지."

"그럼 선적서류를 제출하지 않아도 대금을 지급해주는 신용장이 있나요?"

"있기는 하지만 극히 드물게 사용된다. 선적서류의 제시 없이 대금이 지급되는 신용장은 다시 documentary clean credit와 clean credit로 나누어진다."

"차이는 뭔가요?"

"documentary clean credit는 선적서류가 있기는 하지만 은행에 제출하지 않고 대금을 지급받는 신용장이다."

"그럼 선적서류는 어떻게 하나요?"

"수출자가 은행을 통하지 않고 수입자에게 직접 발송한다. 이런 방식의 신용장은 개설은행의 입장에서 대금회수의 위험성이 크기 때문에 수입자를 전적으로 믿을 수 있는 경우에만 극히 제한적으로 사용되고 일반적인 무역거래에서는 거의 사용되지 않는다."

"clean credit는 뭔가요?"

"처음부터 선적서류가 존재하지 않는 신용장이란 뜻이지. clean credit의 대표적인 경우가 standby L/C다."

"standby L/C는 또 뭔가요?"

"보증신용장이라고 번역하는데 물품거래와 상관없이 순수한 보증 목적으로 사용되는 신용장이다."

"이해가 가질 않는데요."

"예를 들어 본사에서 해외지사의 현지금융을 보증하거나 국제입찰 시 계약보증금, 이행보증금 등을 조달하는 데 사용하는 신용장이 standby L/C다."

"그야말로 상품거래에 사용하는 신용장과는 전혀 다른 일종의 지급 보증서라고 보면 되겠네요."

"그렇지. 그러니까 일반적인 무역거래에서는 대부분 documentary L/C를 사용한다고 이해하면 된다."

"documentary L/C는 그 정도면 된 거 같고요. negotiation L/C는 뭐예요?"

"앞서 배운대로 negotiation은 수출자의 거래은행에서 수출자로부터 선적서류를 매입한다는 뜻이고 negotiation L/C는 이와 같은 매입을 허용하는 신용장으로서 매입신용장이라고 한다."

"그럼 매입을 허용하지 않는 신용장도 있나요?"

"대부분의 무역거래에서는 매입신용장이 사용되지만 선적서류의 매입을 허용하지 않고 수출국의 특정은행을 지급은행(paying bank)으로 지정하고 해당 지급은행으로 하여금 물품대금을 지급하도록 하는 신용장도 있다. 이런 신용장을 지급신용장(payment L/C)이라고 한다."

"어떤 은행을 지급은행으로 지정하나요?"

"수출국 내에 있는 개설은행의 지점이나 개설은행의 예금계정을 갖고 있는 거래은행을 지정한다. 따라서 이와 같은 지급신용장은 개설은행이 수출국에 지점이 있거나 예금계정을 갖고 있는 거래은행이 있을 경우에만 사용할 수 있기 때문에 대부분의 무역거래에서는 매입신용장을 사용한다."

"매입신용장방식에서는 수출국 내의 아무 은행에서나 선적서류를 매입할 수 있나요?"

"매입은행을 제한하는 매입제한신용장(restricted L/C)도 있지만 대부분의 무역거래에서는 매입은행을 제한하지 않는 자유매입신용장(freely negotiable L/C)을 사용한다. 따라서 수출자가 물건을 선적하고 자신이 거래하는 은행에 선적서류의 매입을 의뢰하는 것이 일반적이다."

"이제까지 배운 내용에 따르면 일반적인 무역거래에서 사용하는 신용장은 irrevocable documentary freely negotiable L/C라고 정리하면 되겠네요?"

"잘 정리했다. 책으로만 무역을 배운 사람들 중에는 irrevocable L/C, documentary L/C, negotiation L/C가 각각 별도의 신용장인 걸로 잘못 이해하는 경우도 있지만 실제로는 하나의 신용장이 이와 같은 조건들을 동시에 충족시킨다는 것에 유념할 필요가 있다."

"at sight L/C는 뭔가요?"

"at sight L/C는 일람불신용장이라고 번역하는데 환어음과 선적서류를 제시하자마자 대금을 지급하는 신용장이라고 할 수 있다."

"usance L/C는요?"

"usance L/C는 기한부신용장이라고 번역하는데 환어음과 선적서류를 제시하고 나서 일정기간 후에 대금을 지급하는 신용장을 뜻하는 거다."

"구체적으로 언제 대금을 지급하나요?"

"그건 별도로 정해서 신용장에 명시한다. 예를 들어 90 days after sight라고 하면 환어음이 제시되고 나서 90일 후에 대금을 결제한다는 뜻이다."

"그럼 D/A 90 days와 usance L/C 90 days after sight의 차이는 뭔가요?"

"둘 다 환어음이 제시되고 나서 90일 후에 결제가 이루어진다는 점에서는 같다. 차이는 usance L/C방식에서는 90일 후에 수입자가 대금을 결제하지 않더라도 개설은행에서 책임지고 결제해주지만 D/A방식에서는 수입자가 결제하지 않으면 은행에서는 책임을 지지 않기 때문에 수출자는 돈을 못 받는다는 것이다."

"usance L/C 방식의 거래에서 선적서류가 제시되고 나서 대금결제가 이루어지기까지 발생하는 이자는 누가 부담하나요?"

"usance L/C는 이자를 누가 부담하느냐에 따라서 다시 shipper's usance와 banker's usance로 나누어진다. shipper's usance란 수출자가 이자를 부담하는 방식이고 banker's usance는 수입자가 이자를 부담하는 방식이다."

"수입자가 이자를 부담한다면 수출자의 입장에서는 at sight L/C와 다를 바가 없지 않나요?"

"그렇다. 수입자가 이자를 부담하는 banker's usance 방식에서 수출자는 at sight L/C와 마찬가지로 환어음과 선적서류를 제출하자마자 대금을 지급받을 수 있다."

"usance L/C는 어떤 경우에 주로 사용하나요?"

"수입자가 자금의 여유가 없을 때 주로 사용한다. usance L/C 방식으로 수입하면 수입한 물건의 판매대금으로 수입대금을 결제할 수 있기 때문에 수입자는 자기 자금이 없더라도 사업을 할 수 있다는 장점이 있다. 다만 수입시점과 결제시점의 환율변동에 따라 큰 손해를 볼 수도 있으니 usance L/C 방식으로 수입할 때는 환율동향에 관심을 갖고 환차손을 입지 않도록 만전을 기해야 한다."

"이제 confirmed L/C와 transferable L/C가 남았네요?"

"우선 이 두 가지 L/C는 특수한 상황에서만 사용하는 L/C라는 걸 기억해둬라."

"특수한 상황이라면?"

"우선 confirmed L/C는 확인신용장이라고 번역하는데 개설은행의 신용이 확실하지 않을 때 제삼의 은행에서 별도로 지급확약을 하는 신용장을 뜻한다. 신용장방식에서 수출자는 개설은행의 지급약속을 믿고 물건을 선적해야 하는데 만약 개설은행이 믿을 수 없는 은행이라면 수출자의 입장에서 물건을 선적하기가 곤란할 것이다. 이런 경우에 활용하는 L/C가 바로 confirmed L/C다."

"어떤 은행에서 지급확약을 하나요?"

"개설은행의 신용이 미덥지 않을 때 제삼의 은행에서 지급확약을 하는 거니까 신용도가 높은 은행에서 해야지. 보통 수출자의 거래은행인 통지은행에서 수수료를 받고 해준다."

"confirmed L/C는 보통 어떤 식으로 개설되나요?"

"개설은행에서 통지은행으로 신용장을 보내면서 confirm해달라고 요청하면 통지은행에서 대금지급을 확약한다는 취지의 문구를 추가해서 수출자에게 전해준다."

"confirmed L/C에 대해서 더 알아두어야 할 건 없나요?"

"수입국이 경제적으로 안정된 나라이고 개설은행이 유명은행인 경우에는 굳이 confirmed L/C를 사용할 필요가 없다. 다만 수입국이 경제적으로 불안정하거나 개설은행의 신용을 확신할 수 없는 경우에는 처음부터 수입자에게 confirmed L/C로 개설해달라고 요청하는 것이 좋다."

"마지막으로 transferable L/C란 건 뭔가요?"

"transferable L/C는 양도가능신용장이라고 번역하는데 말 그대로 신용장을 받은 사람이 다른 사람에게 양도할 수 있는 신용장이라는 뜻이다."

"어떤 경우에 신용장을 양도하나요?"

"여러 가지 경우가 있을 수 있는데 주로 신용장을 받은 사람이 자신의 명의로 수출하는 데 문제가 있거나 수수료만 챙기고 생산업체로 하여금 직접 수출토록 하는 경우에 신용장을 양도하게 된다. 신용장의 양도는 국내에서뿐만 아니라 외국으로도 가능하기 때문에 중계무역 방식의 거래에서도 활용할 수 있다."

"중계무역에서 신용장을 양도하면 중계무역상은 어떻게 마진을 챙기나요?"

"신용장을 양도할 때 신용장 금액을 감액하고 선적기일과 유효기일을 단축해서 양도하면 된다."

"transferable L/C에 대해서도 그 정도면 된 거 같네요."

"참 transferable L/C는 1회에 한해서 양도가 가능하다. 양도를 받은 사람이 또 다른 사람에게 양도하는 건 안 된다는 뜻이지. 또한 분할선적을 금지하지 않는 한 분할양도도 가능하다."

"잘 알겠습니다."

"신용장의 종류가 참 다양하지?"

"예. 종류가 너무 많아서 헷갈리네요."

"너무 걱정할 필요 없다. 일반적인 무역거래에서는 거의 대부분 irrevocable documentary freely negotiable at sight L/C가 사용되니까 이것만 정확하게 이해해도 큰 문제는 없을 것이다."

"그러니까 대부분의 무역거래는 취소할 수 없으며(irrevocable), 서류를 제출하면 대금을 지급해주고(documentary), 아무 은행에서나 매입 가능하며(freely negotiable), 서류제출 즉시 대금을 지급해주는(at sight) 신용장으로 거래한다고 이해하면 되겠네요."

"그래, 아주 정확히 이해했다."

"그럼 confirmed L/C나 transferable L/C는 앞서 열거한 조건에 추가해서 신용장에 적용하는 건가요?"

"그렇다. confirmed L/C나 transferable L/C가 독립적으로 존재하는

것이 아니고 앞서 열거한 조건을 충족시키는 신용장에다가 필요에 따라서 추가적인 대금지급확약 또는 양도가능 조건을 추가하는 것이다. 따라서 irrevocable documentary freely negotiable at sight confirmed transferable L/C와 같이 다양한 조건을 충족시키는 신용장도 존재할 수 있다."

"이제 신용장의 종류에 대해서는 박사가 된 것 같네요."

"책에 보면 이것말고도 특수신용장이라고 해서 다양한 종류의 신용장을 소개하고 있지만 일반적인 무역거래에서는 거의 사용하지 않는 것들이니 무시해도 된다."

"정말 무시해도 되는 거예요?"

창호가 걱정스러운 표정으로 물었다.

"그렇다니까. 30년 이상 무역현장에서 일해온 나도 단 한 번 접해보지 않았을 정도로 사용가능성이 희박한 신용장이다."

"그런 신용장이 왜 책에 나오는 거죠?"

"그러게 말이다. 나도 그게 불만이다. 실무에서 거의 사용하지 않는 용어까지 망라해서 배우다 보면 공연히 무역은 어렵다는 선입견만 심어줄 수 있는데 말이다."

이 교수가 안타까운 표정을 지었다.

"자, 신용장의 종류는 이 정도로 하고 지금부터 실제 신용장 양식을 보면서 전문을 해석해보기로 하자."

신용장서식을 배우다

이 교수는 강의노트 꾸러미에서 서식 하나를 꺼내서 테이블 위에 올려놓았다.

"이것이 바로 신용장이다."

"모든 신용장의 양식이 이것과 똑같나요?"

"신용장에 따라서 몇 가지 조건이 더 붙기도 하지만 기본적인 내용은 이것과 같다고 봐도 무방하다."

"각 항목의 앞에 붙인 숫자는 뭔가요?"

"별다른 뜻이 있는 건 아니고 그냥 신용장항목번호라고 알아둬라."

"40A항의 내용은 환어음과 함께 선적서류를 제출하면 대금이 지급되고 취소할 수 없는 신용장이라는 뜻이네요."

"그렇지. 그리고 20항에는 신용장 번호를, 31C항에는 신용장의 개설

40A Form of Documentary Credit	: IRREVOCABLE
20 Documentary Credit Number	: L12345678
31C Date of Issue	: 20/05/20
40E Applicable Rules	: UCP LATEST VERSION
31D Date and Place of Expiry	: 20/06/30 SEOUL
50 Applicant	: HAPPY CORPORATION. 111, HAPPY ROAD, NEW YORK, USA
59 Beneficiary	: SMILE CORPORATION 123, SAMSUNG-DONG, KANGNAM-KU, SEOUL, KOREA.
32B Currency Code, Amount	: USD41,000.00
41D Available with.......By.......	: ANY BANK BY NEGOTIATION
42C Drafts at	: SIGHT
42A Drawee	: NEW YORK BANK 1234, WALL STREET, NEW YORK, USA
43P Partial Shipment	: ALLOWED
43T Transshipment	: NOT ALLOWED
44A Port of Loading/Airport of Departure	: BUSAN, KOREA
44B Port of Discharge/Airport of Destination	: NEW YORK, USA
44C Latest Date of Shipment	: 20/06/20
45A Description of Goods and/or Services	
2,000 PCS OF CAR ACCESSORIES DETAILS ARE AS PER THE PROFORMA INVOICE NO SPI-0505 ISSUED BY BENEFICIARY	
46A Documents Required	

+SIGNED COMMERCIAL INVOICE IN QUINTUPLICATE
+PACKING LIST IN TRIPLICATE
+FULL SET OF CLEAN ON BOARD OCEAN BILL OF LADING MADE OUT TO THE ORDER OF NEW YORK BANK
  MARKED FREIGHT PREPAID AND NOTIFY APPLICANT
+MARINE INSURANCE POLICY OR CERTIFICATE IN DUPLICATE, ENDORSED IN BLANK FOR 110% OF THE
  INVOICE VALUE. INSURANCE MUST INCLUDE : INSTITUTE CARGO CLAUSES : I.C.C(A)
+CERTIFICATE OF ORIGIN	

47A Additional Conditions ALL DOCUMENTS MUST BEAR OUR CREDIT NUMBER.	

71B Charges	: ALL BANKING COMMISSIONS AND
	  CHARGES OUTSIDE USA ARE FOR
	  ACCOUNT OF BENEFICIARY

49 Confirmation Instructions	: WITHOUT

48 Period for Presentation	: DOCUMENTS MUST BE PRESENTED WITHIN 14 DAYS
	  AFTER THE DATE OF SHIPMENT BUT WITHIN THE
	  VALIDITY OF CREDIT

78 Instructions to the Paying/Accepting/Negotiating Bank	
DOCUMENTS TO BE FORWARDED TO US IN ONE LOT BY COURIER	

164

일자를 표시하고 있다."

"40E항에서 언급된 내용은 뭔가요?"

"신용장통일규칙(Uniform Customs and Practice for Documentary Credits, U.C.P.)에 따른다는 뜻이다."

"신용장통일규칙은 뭔가요?"

"신용장 업무를 취급할 때의 준수사항과 해석기준을 정한 국제적인 통일규칙이다. 신용장 업무를 처리하다 보면 애매한 경우가 많이 생기는데 그런 애매한 경우에 어떻게 신용장을 해석하고 처리할지를 정해 놓은 지침이라고 할 수 있지."

"신용장통일규칙은 어디서 만들었나요?"

"이것도 인코텀즈처럼 국제상업회의소(International Chamber of Commerce)에서 만든 것이다."

"신용장통일규칙은 따로 공부해야 하나요?"

"물론 신용장통일규칙의 내용을 자세히 배워서 나쁠 것은 없지. 하지만 신용장통일규칙은 주로 은행의 입장에서 신용장을 어떻게 다룰지를 규정하고 있기 때문에 굳이 전체적인 내용을 몰라도 신용장거래를 하는 데는 큰 문제가 없다."

"31D항에 date and place of expiry라고 되어 있는데 그냥 date of expiry라고 하지 않고 place를 넣은 이유가 뭔가요?"

"그건 시차 때문에 나라마다 날짜가 다를 수 있기 때문이다. 즉 beneficiary인 수출자의 나라는 2일인데 issuing bank인 수입자의 거래은행이 있는 나라의 날짜는 1일이 될 수도 있기 때문에 유효기일을 정확히 표시하기 위해서 place를 표시하는 거다."

"50항의 applicant는 뭔가요?"

"신용장을 개설해달라고 요청하는 사람을 뜻한다. 보통 개설의뢰인이라고 하고 수입자가 여기에 해당된다."

"59항의 beneficiary는요?"

"Beneficiary는 수혜자라는 뜻으로 여기서는 신용장에 명시된 대금을 지급받는 수출자를 가리키는 것이다."

"32B항의 currency code, amount항에는 신용장금액이 표시되는 거네요."

"맞다."

"41D available with by name, address 항목에 any bank by negotiation 이라고 한 것은 무슨 뜻인가요?"

"아무 은행에서나 환어음과 선적서류를 매입할 수 있다는 뜻이다. 앞서 배운 freely negotiable L/C를 의미하는 것이지."

"42C항 draft는 뭔가요?"

"Draft는 앞서 배운 bill of exchange와 같은 말이다. 환어음이라는 뜻이지."

"그럼 오른쪽에 sight라고 표시한 건 무슨 뜻인가요?"

"그게 바로 환어음의 지급기일을 표시하는 거다. 예를 들어 환어음이 제시되자마자 즉시 대금이 지급되는 경우라면 at sight라고 표시하고, 일정기간 후에 지급되는 usance L/C의 경우라면 at 90 days after sight 같은 식으로 표시하는 거지."

"42A항의 drawee는 뭔가요?"

"환어음의 지급인이라는 뜻으로서 여기서는 개설은행을 가리킨다."

"43P항의 partial shipment란 뭔가요?"

"분할선적이라고 해서 주문한 물건을 한꺼번에 싣지 않고 몇 차례에 나눠서 싣는 걸 뜻하는 말이다. 예를 들어 주문량이 10,000개라고 하면 한꺼번에 10,000개를 싣는 것이 아니라 2,000개, 3,000개, 5,000개 이런 식으로 나눠 싣는 걸 뜻하는 거다."

"그럼 43T항의 transshipment는 뭔가요?"

"그건 환적이라고 해서 배를 바꿔서 싣는다는 뜻이다. 예를 들어 아프리카의 작은 나라로 물건을 수출하려고 하는데 우리나라에서 수입국까지 가는 배가 없거나 있더라도 자주 출항하지 않을 경우 일단 물건을 홍콩이나 싱가포르로 보낸 다음 거기서 수입국으로 출항하는 배에 물건을 옮겨 싣는 것을 환적이라고 한다."

"그럼 분할선적이나 환적을 허용할지 안 할지를 수입자가 결정해서 개설은행으로 하여금 여기에다 표시하도록 하는 거네요."

"그렇지. 허용할 경우에는 allowed, 허용하지 않을 경우에는 not allowed 또는 prohibited라고 표시한다."

"46A항의 documents required에 있는 내용은 뭔가요?"

"그건 물건을 선적하고 제출해야 하는 소위 선적서류(shipping

documents)에 대한 내용인데 이 부분에 대해서는 나중에 실제 서식 샘플과 함께 자세히 설명하도록 하마."

"71B항의 all banking commissions and charges outside USA are for account of beneficiary라는 문장은 무슨 뜻인가요?"

"미국 밖에서 부과되는 모든 수수료는 수혜자, 즉 수출자가 부담하라는 뜻이다."

"48항에서 documents must be presented within 14 days after the date of shipment but within the validity of credit라는 문장은 무슨 뜻인가요?"

"선적서류의 발행일로부터 14일 이내에 제출하고 만약 그 안에 유효기일이 도래하면 유효기일 안에 제출하라는 뜻이지."

"왜 이런 조항을 넣는 건가요?"

"수입자의 입장에서는 선적서류가 있어야 통관도 할 수 있고 물건도 찾을 수가 있는데 수출자가 서류를 너무 늦게 제출하면 물건은 도착했는데 서류가 도착하지 않아서 물건을 찾을 수 없는 상황이 벌어질 수 있기 때문이지. 그런 사태를 예방하기 위해서 선적일로부터 14일 이내에 서류를 제출하라고 요구하는 거다."

"78항의 내용은 뭔가요?"

"개설은행에서 매입은행에 지시하는 내용이다. 매입한 선적서류를 한번에 국제특송편으로 보내라는 거지."

"신용장과 관련해서 더 알아두어야 할 건 없나요?"

"일단 신용장을 받으면 그 내역을 꼼꼼히 확인해서 수입자와 합의한 계약조건과 일치하는지를 확인해야 한다. 앞서도 언급했듯이 신용장의 내역 중에서도 45A항의 description of goods, 44C항의 latest date of shipment, 46A항의 documents required, 31D항의 date and place of expiry를 특히 눈여겨볼 필요가 있다. 이들 항목에 명시된 내용을 하나라도 충족시키지 못하면 돈을 받을 수 없기 때문이지."

"신용장의 내역이 합의한 계약조건과 다를 때는 어떻게 하나요?"

"수입자에게 신용장을 amend해달라고 요청하면 된다."

"신용장에 아무 이상이 없다고 가정하고 그다음에 수출자가 해야 될 일은 뭔가요?"

"신용장에 명시된 물건(description)을 최종선적기일(latest date of shipment) 내에 선적하고 신용장에서 요구하는 서류(documents required)를 준비해서 유효기일(date of expiry) 내에 제출하면 된다."

"알고 보니 신용장도 별거 아니네요."

수많은 질문과 답변이 오고 간 후 창호가 한숨 돌리며 말했다.

"신용장뿐만 아니라 모든 것이 알고 나면 별거 아닌 법이지."

이 교수가 너털웃음을 지었다.

"자, 오늘은 여기까지 하자. 이제 신용장까지 마쳤으니 무역실무의 중요한 내용은 거의 다 배웠다고 해도 지나친 말이 아니다."

"그럼 나머지 두 번의 강의에서는 뭘 배우는 거예요?"

"앞으로 남은 두 번의 강의에서는 이제까지 배운 내용을 바탕으로

계약을 어떻게 하고 운송, 보험, 통관 업무가 어떻게 이루어지는지를
배울 거다. 별로 어려운 내용은 없으니 걱정하지 않아도 된다."

"교수님만 믿겠습니다. 헤헤."

창호가 밝은 표정을 지었다.

계약은
어떻게 하나

HOW?

계약조건을 마무리하다

네 번째 강의는 원래 약속한 날짜에 하지 못했다. 이 교수가 심한 독감에 걸려 학교 수업도 휴강할 정도여서 부득이 일정을 미루기로 했다.

강의가 미뤄지는 동안 창호는 지금까지 배운 내용을 되돌아보았다. 그동안 책이나 강의를 통해서 이해하지 못했던 부분들이 명확하게 정리되어 있었다. 단순히 인코텀즈가 뭐고 신용장이 무엇인지를 배우는 데 그치지 않고 왜 인코텀즈가 중요하고 신용장 업무가 실제로 어떻게 진행되는지를 이해할 수 있었던 소중한 시간이었다.

한 주를 건너뛰고 강의가 속개되었다.

"아직 몸도 편치 않으신데 괴롭혀드려서 죄송합니다."

창호가 미안한 표정을 지었다.

"그런 생각 마라. 난 강의할 때가 제일 신이 난다."

이 교수가 밝은 목소리로 말했다.

잠시 후 이 교수가 새로운 그림 한 장을 테이블 위에 올려놓았다.

"이것이 이제까지 배운 계약조건들이다. 경우에 따라서는 원산지(origin)나 보험조건(insurance) 등을 포함시키기도 하지만 어쨌든 이런 계약조건들을 협의하는 것이 상담이고, 상담의 결과 모든 계약조건에 합의하는 것을 계약이라고 한다. 그런데 이 중에서 어떤 물건(description) 몇 개(quantity)를 포장(packing)은 어떻게 하고 어디서(shipping port) 싣고 어디까지(destination) 실어가고 언제(shipment) 싣느냐 하는 것은 협의과정에서 자연스럽게 결정되기 마련이다. 결국 거래조건(trade terms)과 결제조건(payment)만 확실히 이해하면 계약을 체결하는 데 큰 문제가 없다는 결론에 이르게 된다."

"그렇게 정리를 해주시니 훨씬 마음이 가벼워지는 것 같네요. 하지만 거래조건이나 결제조건의 내용이 결코 간단한 내용이 아니라서……."

창호가 말꼬리를 흐렸다.

"처음부터 완벽한 사람이 어디 있겠냐. 이제까지 배운 내용이 너무 방대하다고 생각되면 간단하게 두 가지만 기억해둬라."

"두 가지라면?"

"거래조건을 FOB로 할지 CIF로 할지, 그리고 결제를 T/T로 할지 L/C로 할지만 정하면 나머지는 자동적으로 정해지는 거니까 신경 쓰지 않아도 된다."

"거래조건만 해도 열한 가지나 되고 결제방식도 추심방식을 비롯해서 다른 방식들이 많다고 들었는데 달랑 두 가지씩만 기억하고 있다가 낭패를 당하는 거 아닌가요?"

"그건 기우에 불과하다. 일반적인 무역거래의 거래조건은 FOB 아니면 CIF, 결제방식은 T/T 아니면 L/C로 이루어질 확률이 대단히 높다. 그만큼 현장에서 일하는 사람들이 이와 같은 조건으로 거래하는 데 익숙해 있기 때문이지. 특히 처음 거래를 시작할 때는 이와 같은 조건으로 시작하는 경우가 대부분이다."

"그래도 만에 하나 상대방이 처음부터 다른 조건으로 거래하자고 우기면 어떻게 하나요?"

"그것도 크게 걱정하지 않아도 된다. 만일 다른 조건으로 거래하자고 하면 인터넷검색이나 책을 통해서 해당 조건에 대해서 자세한 내용을 확인한 후에 답변을 하면 된다. 어차피 무역거래라는 것이 여러 차례의 협상을 통해서 결정되는 것이기 때문에 처음부터 모든 걸 알아야 한다는 강박관념은 가질 필요가 없다."

"참, 바이어를 처음 만날 때 준비할 건 없나요?"

갑자기 생각난 듯이 창호가 물었다.

"처음 만날 땐 그냥 회사나 상품소개만 해도 되지만 바이어가 좀 더 구체적인 상담을 원할 경우를 대비해서 샘플하고 가격표를 준비하는 것이 좋다."

"가격표는 어떻게 만드나요?"

"전에 배운 거래조건 중에 하나를 정해서 가격표를 만들면 되는데 보통 처음에 수출가격표를 만들 때는 FOB 조건을 많이 사용한다."

"FOB 조건의 가격은 어떻게 만드나요?"

"그건 이미 배우지 않았냐. FOB 가격은 공장도 가격에다 선적항까지의 내륙운송비와 수출통관비를 더하면 된다."

"내륙운송비와 수출통관비는 어떻게 확인하나요?"

"내륙운송비는 포워더, 수출통관비는 관세사에게 각각 확인하면 된다. 보통 포워더와 관세사가 서로 제휴해서 운송 및 통관 업무를 일괄적으로 처리해주니까 내륙운송비와 수출통관비용을 한꺼번에 알아볼 수 있다."

"만일 바이어가 다른 거래조건으로 바꿔달라고 요구하면 어떻게 하나요?"

"바이어가 원하는 거래조건에 맞게 가격을 바꿔서 제시하면 되지. 예를 들어 CIF 조건으로 바꿔달라고 하면 FOB 가격에다 도착항까지의 해상운임과 보험료를 더한 가격을 제시하면 된다."

"계약조건은 이 정도로 마무리 지으면 될 것 같네요."

"그래, 수고했다."

계약절차를 배우다

"이제 힘든 고비는 다 지나갔으니 힘을 내거라."

이 교수가 한시름 놓았다는 표정으로 말했다.

"힘든 고비라뇨?"

창호가 의아한 표정으로 되물었다.

"무역실무가 워낙 광범위하고 배워야 할 용어와 절차도 많지만 그중에서 가장 중요하면서도 어려운 것이 바로 인코텀즈와 신용장이다. 앞서 배운 계약조건에서 이 두 가지를 모두 끝냈으니까 지금부터는 크게 어려울 것이 없단 말이다."

"다행이네요. 한데 무역계약은 어떻게 체결하나요?"

"무역계약을 체결하려면 우선 수출자나 수입자 중 한쪽에서 오퍼(offer)를 해야 한다."

"오퍼가 뭔가요?"

"책에서는 청약(請約)이라고 번역해놓았는데 그냥 간단하게 자신이 거래하고 싶은 계약조건을 제시하는 거라고 이해해둬라. 수출자가 제시하는 오퍼를 selling offer라고 하고 바이어가 제시하는 오퍼를 buying offer라고 하는데 일반적으로는 selling offer를 주로 사용한다."

"오퍼를 한 다음에는 무얼 하나요?"

"오퍼를 받은 쪽에서 계약조건을 받아들이면 계약이 체결되는 거다. 이때 오퍼를 받은 쪽에서 계약조건을 받아들이는 것을 승낙(承諾)이라고 하고 영어로는 acceptance라고 한다."

"그러니까 계약을 체결하기 위해서는 우선 오퍼를 하고 상대방이 이를 받아들이면 계약이 되는 거네요."

"그렇지. 그런데 실제로는 한쪽에서 오퍼를 했을 때 상대방에서 바로 받아들이는 경우는 거의 없고 새로운 계약조건을 역으로 제안하는데 이걸 반대청약(counter offer)이라고 한다. 결국 계약을 체결하려면 offer와 수많은 counter offer를 주고받으면서 모든 계약조건에 합의해야 한다."

"offer와 counter offer는 어떤 식으로 주고받나요?"

"예전에는 offer sheet라는 양식을 작성해서 보내기도 했지만 요즘은 따로 서식을 작성하지 않고 주로 이메일을 통해서 offer와 counter offer를 주고받는다."

"모든 계약조건에 합의한 다음에는 어떻게 하나요?"

계약절차

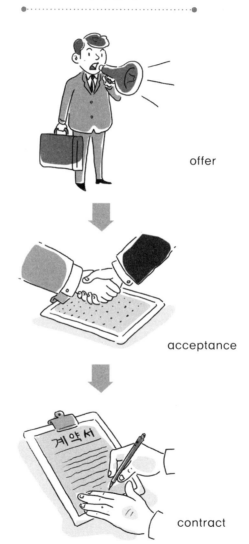

offer

acceptance

contract

"계약서를 작성해야지. 하지만 무역거래를 하기 위해서 반드시 서면으로 계약서를 작성해야 하는 건 아니다."

"그게 무슨 말씀이세요?"

"사람들이 잘못 이해하고 있는 것 중의 하나가 국내계약은 쉽고 간단한데 무역계약은 어렵고 복잡하다고 생각하는 것이다. 실제로는 정반대인데 말이다."

"무슨 말씀이신지……."

"예를 들어 국내에서 부동산을 사고판다고 가정해보자. 부동산을 사고팔 사람들끼리 합의를 했다고 하더라도 매매계약서를 작성해서 인감도장을 날인한 다음 등기소에 가서 등기를 하지 않으면 그 계약은 무효가 된다. 부동산거래법이나 부동산등기법과 같은 관련법에서 그렇게 정했기 때문이지. 하지만 무역거래는 서로 법체계가 다른 국가간의 거래이기 때문에 어느 한 나라의 법으로 이걸 정할 수가 없다. 그래서 무역계약은 계약서라는 형식이 없어도 성립되는 계약, 즉 불요식계약(不要式契約)이라고 한다."

"그럼 실제로 무역거래를 할 때는 계약서를 작성하지 않나요?"

"무역거래에서는 계약서를 작성하지 않아도 바이어와 셀러 간에 계약조건에 대해서 합의가 이루어지면 계약이 성립된다. 이메일로 합의하든 구두상으로 합의하든 모든 계약조건에 합의만 하면 계약이 성립되는 거지. 하지만 계약서가 없으면 일을 하기가 힘들어진다. 예를 들어 계약이 체결되면 우선 바이어가 셀러에게 물품대금을 송금하든지 신용장을 개설해야 하는데 은행에 가서 송금을 의뢰하거나 신용장을 개설해달라고 요청하면 은행에서 계약서를 요구하게 마련이다. 그러니까 업무의 편의를 위해서 또는 나중에 분쟁이 발생했을 때 근거로 사용하기 위해서 계약서를 작성해두는 것이 좋다. 이때 작성하는 계약서에는 정해진 양식이 없다는 것이 불요식계약의 또 다른 의미이기도 하다."

"정해진 양식이 없다는 게 무슨 뜻이에요?"

"앞서 예를 든 국내에서 부동산거래를 할 때 작성하는 계약서 양식은 법으로 정해져 있다. 그런 계약서를 법정계약서 또는 관인계약서라고 하지. 그러니까 국내에서 부동산을 사고팔 때는 법정계약서 양식대로 작성하지 않으면 계약이 성립되지 않는다. 하지만 서로 다른 국가 간의 거래인 무역거래에서는 어느 한쪽 나라에서 계약서 양식을 법으로 정할 수 없기 때문에 무역계약서는 정해진 양식이 없다는 것이다."

"그러니까 무역계약을 할 때는 양식이나 내용에 구애받지 않고 계약서를 작성할 수 있다는 뜻이네요."

"그렇다. 개중에는 책에 나오는 계약서 양식대로 작성해야 하는 것으로 잘못 이해하고 있는 경우도 있지만 책에 나오는 양식은 그야말로 샘플에 불과하고 바이어와 셀러의 합의에 따라 계약서의 양식이나 내용을 얼마든지 바꿀 수 있다."

"계약서는 누가 어떻게 작성하나요?"

"계약서를 누가 어떻게 작성하는지에 대해서도 정해진 원칙이 없다.

일단 이메일이나 다른 경로를 통해서 바이어와 셀러가 계약조건에 합의한 다음 합의된 계약조건을 정리해서 셀러가 proforma invoice, sales note, order confirmation 등의 제목을 달아서 바이어에게 보내거나, 반대로 바이어가 purchase order, order sheet, order acknowledgement 등의 제목을 달아서 셀러에게 보내는 것으로 계약이 체결된 것으로 간주한다."

"구체적으로 계약서는 어떤 식으로 작성하나요?"

"그건 아주 간단하다. 바이어와 셀러 간에 합의한 계약조건을 명시하면 그것이 바로 계약서가 되는 거다. 다만 거래금액이 크거나 장기간에 걸친 중요한 계약을 할 때는 sales agreement 또는 general terms and conditions라는 제목의 서식을 작성하기도 한다."

이 교수는 강의자료를 뒤적거리더니 서식 한 장을 꺼내서 테이블 위에 올려놓았다.

"이것이 요즘 계약서식으로 많이 쓰이는 proforma invoice다. 수출자와 수입자 간에 계약조건에 대한 합의가 이루어지면 수출자가 이와 같은 서식을 작성해서 수입자에게 보내준 후 수입자가 이의를 제기하지 않으면 서식에 기재된 조건대로 계약이 성립된 것으로 간주한다."

"여기 서식에 보니까 payment 항목에 irrevocablet L/C at sight라고 쓰여 있는데 송금방식으로 결제할 때는 뭐라고 기재하나요?"

"사전송금일 경우에는 by T/T in advance, 사후송금일 경우에는 by T/T at 90 days after invoice date 등으로 표시하고 은행명(bank name)

SMILE CORPORATION

Manufacturers, Expoters & Importers
① 123, SAMSUNG-DONG, KANGNAM-KU, SEOUL,KOREA
TEL : (02) 555-1122 FAX : (02) 555-1133

PROFORMA INVOICE

② Messrs. HAPPY CORPORATION

③ Invoice No. SPI-0505
④ Date. May 5, 2020

⑤ Description	⑥ Quantity	⑦ Unit Price	⑧ Amount
CAR ACCESSORIES	⑨ CIF NEW YORK		
C-001	1,000 PCS	US$15.50	US$15,500.00
C-002	500 PCS	US$20.40	US$10,200.00
C-003	500 PCS	US$30.60	US$15,300.00
TOTAL :	2,000 PCS		US$41,000.00
*************************************	************************	************************	************************

⑩ Packing : EXPORT STANDARD PACKING
⑪ Shipping Port : BUSAN, KOREA
⑫ Destination : NEW YORK
⑬ Shipment : WITHIN ONE MONTH AFTER RECEIPT OF YOUR L/C
⑭ Payment : BY AN IRREVOCABLE L/C AT SIGHT TO BE OPENED IN OUR FAVOR

Very truly yours,
⑮ SMILE CORPORATION

_____

과 계좌번호(account number) 등을 표시하면 된다."

"앞서 거래금액이 크거나 장기간에 걸친 중요한 계약을 할 때는 sales agreement 또는 general terms and conditions라는 제목의 서식을 작성하기도 한다고 했는데 이건 무슨 말인가요?"

"처음 거래를 시작하거나 거래금액이 얼마 되지 않을 때는 합의된 계약조건을 명시해서 계약서를 작성하는 것만으로도 충분하지만 금액이 커지고 장기간 거래를 지속할 경우에는 이것만 가지고는 부족할 수가 있다. 무역거래라는 것이 워낙 변수가 많아서 어떤 상황이 벌어질지 모르는데 몇 개 안 되는 계약조건만 명시하면 불안하지 않겠냐. 그래서 작성하는 것이 바로 sales agreement 또는 general terms and conditions다. 이런 서식은 거래과정에서 발생할 수 있는 여러 가지 애매한 상황에 대해서 미리 어떤 식으로 해석하고 처리해야 할지를 정해놓기 위해서 작성하는 것이다. 예를 들어 클레임을 언제까지 제기해야 하고, 천재지변이 발생하면 어떤 식으로 처리할 것인지 등을 미리 규정해놓는 거지. 그래서 중요한 계약을 할 때는 계약조건을 명시한 계약서 외에 따로 sales agreement나 general terms and conditions를 작성하기도 하고 계약서 양식에 추가하기도 한다."

"이제 좀 이해가 가네요."

"앞서 언급했듯이 무역거래에서 사용하는 계약서 양식이나 계약절차는 정해진 원칙이 있는 것이 아니라 바이어와 셀러의 합의에 따라 얼마든지 자유롭게 바꿀 수 있다는 것을 잊지 말아라."

"그만큼 융통성이 있다는 뜻이네요."

"그렇다. 그러니까 상대방이 계약서 초안을 보내오면 무조건 서명할 것이 아니라 계약조항 중에 상대방에게 일방적으로 유리하게 작성된 것이 없는지, 수정할 만한 내용이 없는지를 꼼꼼히 살펴보는 것이 바람직하다."

"일단 계약이 이루어지고 나면 그다음엔 뭘 하나요?"

창호가 질문을 이어갔다.

"합의한 결제조건에 따라 바이어가 결제대금을 송금하거나 신용장을 개설해야지."

"그다음엔요?"

"셀러가 물건을 준비해서 보내야지. 처음에 말했듯이 일단 계약이 체결되면 그다음에 물건을 보내고 보험처리를 하고 통관을 하는 것은 각각 포워더, 보험회사, 관세사에게 일임하면 되니까 걱정할 필요가 없다."

"그럼 여기서 무역실무는 끝난 건가요?"

"아직 몇 가지가 남아 있다."

내국신용장과 구매확인서를 배우다

"우선 내국신용장과 구매확인서에 대해서 알아보기로 하자."

"내국신용장이 뭐예요?"

"수출을 하려면 우선 수출할 물건을 확보해야 하지 않겠냐. 자체 생산품을 수출하는 경우라면 별 다른 절차 없이 자체적으로 물건을 준비하면 되지만 문제는 국내공급자로부터 물건을 구입해서 수출하는 경우다. 국내공급자는 돈을 먼저 받고 물건을 내주려고 하고 수출자는 물건을 먼저 받아서 선적한 후에 돈을 주려고 하기 때문에 대금결제 시점에 합의하기가 쉽지 않다."

"그럴 때 사용하는 것이 내국신용장이군요."

"그렇다. 내국신용장(local L/C)은 한마디로 수출자의 거래은행에서 국내공급자 앞으로 발행하는 지급확약서라고 할 수 있다. 이 그림을 보면 내국신용장이 어떤 식으로 활용되는지를 좀 더 쉽게 이해할 수 있을 것이다."

이 교수는 내국신용장이라는 타이틀이 달린 그림을 꺼내서 테이블 위에 올려놓았다.

잠시 후 이 교수의 설명이 이어졌다.

"그런데 내국신용장은 단지 지급확약의 목적으로만 사용되는 것이 아니라 국내공급자가 수출품을 공급하는 데 따르는 다양한 혜택을 받기 위해서도 필요하다."

"어떤 혜택이죠?"

창호가 물었다.

"수출실적을 인정받고 영세율 적용을 받거나 관세를 환급받는 것을 뜻한다."

"국내공급자도 수출실적을 인정받을 수가 있어요? 자신이 직접 수출한 것도 아닌데……."

"여기서 말하는 수출실적이란 대외적으로 공식통계에 잡히는 수출실적이 아니라 대내적으로 무역금융 등의 특혜를 주기 위한 수출실적을 뜻한다. 우리나라에선 내부적으로 수출자뿐만 아니라 수출자에게 국내에서 물건을 공급해준 국내공급자에게도 수출실적을 인정해주고 있는데 국내공급자가 수출실적을 인정받기 위한 근거서류로서 내국신용장이 필요하다는 뜻이다."

"영세율 적용이란 건 뭔가요?"

내국신용장

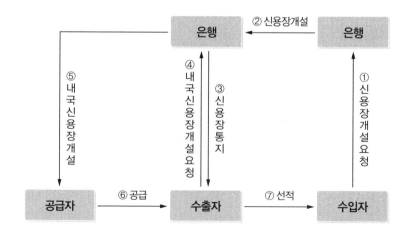

"원래 국내기업 간의 거래에는 부가세를 포함시켜야 하는데 수출품을 거래한 경우에는 부가세를 포함시키지 않도록 특혜를 주고 있다. 이와 같이 부가세를 포함시키지 않고 거래하는 것을 허용하는 제도를 영세율제도라고 하는데 영세율제도의 혜택을 받기 위한 근거서류로서 내국신용장이 필요하다."

"마지막으로 관세환급이란 건 뭔가요?"

"관세환급은 수출용 원재료 등을 수입할 때 납부한 관세를 해당 원재료 등을 가공한 물건을 수출하면 돌려주는 제도인데 국내공급업체에서 관세환급을 받기 위해서도 내국신용장이 필요하다."

"내국신용장에 대해서는 잘 알겠고요. 구매확인서에 대해서도 설명해주세요."

"구매확인서란 내국신용장을 발행할 여건이 안 될 때 수출자의 거래은행에서 내국신용장 대신 발행하는 서식이다."

"구매확인서와 내국신용장의 차이는 뭔가요?"

"내국신용장은 개설은행에서 국내공급자에게 신용장금액의 지급을 약속하지만 구매확인서는 지급약속은 하지 않고 단지 국내공급자가 수출자에게 공급하는 물건이 수출품이라는 걸 확인해주는 서식이다."

"구매확인서는 어디에 사용되나요?"

"앞서 내국신용장은 단지 은행의 지급확약용으로만 사용되는 것이 아니라 수출실적 인정, 영세율 적용, 관세환급 등 다양한 용도로 사용된다고 하지 않았냐. 구매확인서는 바로 지급확약을 제외한 나머지 용도로 사용하기 위해서 필요한 서식이다."

"결론적으로 수출자는 국내공급자에게 내국신용장 또는 구매확인서를 발급해주고 물건을 인도받아야 하는 거네요."

"그렇지. 국내공급자의 입장에서는 앞서 언급한 대로 수출품공급에 따르는 다양한 혜택을 누리기 위해서 두 가지 서식 중 하나가 필요한 거다."

"내국신용장이나 구매확인서만 발급해주면 수출자의 할 일은 끝나는 건가요?"

창호가 물었다.

"아직 할 일이 남아 있다."

이 교수가 다시 강의자료를 뒤적거리며 말했다.

상업송장을 배우다

"운송이나 통관 업무는 외부업체에 맡기면 된다고 하셨잖아요. 그러니까 국내공급자에게 내국신용장이나 구매확인서를 발급해주고 수출품을 인도받아서 포워더와 관세사에게 관련 업무를 맡기면 되는 거 아닌가요?"

창호가 따지듯이 물었다.

"맞는 얘긴데 포워더와 관세사에게 일을 맡길 때 그냥 맡기는 것이 아니라 선박이나 항공기를 예약하고 통관수속을 밟는 데 필요한 서식을 보내주어야 한다."

"그게 어떤 서식인가요?"

"그게 바로 상업송장(commercial invoice)과 포장명세서(packing list)다."

"상업송장이 뭔가요?"

"상업송장은 물품명세서와 대금청구서 역할을 하는 서식이다. 국내에서도 판매자가 물건을 보낼 때 송장이라는 서식을 물건과 함께 보내지 않느냐. 그거와 유사한 서식이라고 생각하면 된다."

"상업송장은 어떤 용도로 필요하나요?"

"우선 상업송장은 통관수속을 밟을 때 필요하다. 세관에서 수출입을 심사하고 수입품에 대해서 관세를 부과할 때 어떤 물건인지를 확인하기 위해서 상업송장을 요구하기 때문이지."

"다른 용도도 있나요?"

"물건을 선적할 때 선박회사에서도 상업송장을 요구한다. 어떤 물건이 실리는지를 확인하기 위해서지."

"상업송장은 어떻게 작성하나요?"

"그건 상업송장 샘플을 보고 확인해보도록 하자."

이 교수는 강의노트 꾸러미에서 상업송장 샘플을 꺼내서 테이블 위에 올려놓았다.

"별로 어려운 내용은 없네요. 여기는 수입자의 상호와 주소를 적는 칸이네요."

창호의 손가락이 2번 항을 가리켰다.

"그렇지. 회사에 따라서는 이 항목명을 Buyer/Applicant 대신에 For account & risk of Messrs.라고 붙이기도 한다."

"3번의 notify party는 뭔가요?"

"그건 나중에 선하증권(Bill of Lading)을 배울 때 설명할 건데 일단

COMMERCIAL INVOICE

① Seller/Exporter SMILE CORPORATION 123, SAMSUNG-DONG, KANGNAM-KU, SEOUL, KOREA	⑧ No. & date of invoice SCI-0609 JUNE 9, 2020
	⑨ No. & date of L/C L12345678 MAY 20, 2020
② Buyer/Applicant HAPPY CORPORATION 111, HAPPY ROAD NEW YORK, USA	⑩ L/C issuing bank NEW YORK BANK, NEW YORK, USA
③ Notify party SAME AS ABOVE	⑪ Remarks

④ Port of loading BUSAN, KOREA	⑤ Final destination NEW YORK, USA
⑥ Carrier OCEAN GLORY	⑦ Sailing on or about JUNE 10, 2020

⑫ Marks and no. of pkgs	⑬ Description of goods	⑭ Quantity	⑮ Unit price	⑯ Amount
				CIF NEW YORK
HAPPY CORP NEW YORK C/NO 1-40 ITEM NO :	CAR ACCESSORIES C-001 C-002 C-003	1,000 PCS 500 PCS 500 PCS	US$15.50 US$20.40 US$30.60	US$15.500.00 US$10,200.00 US$15,300.00
	TOTAL	2,000 PCS		US$41,000.00

⑰ Signed by _____

notify party난에도 수입자의 상호와 주소를 기재한다는 정도로 이해해
둬라."

포장명세서를 배우다

"이제 packing list에 대해서 설명해주세요."

"packing list는 우리말로는 포장명세서라고 하는데 말 그대로 물건의 포장상태를 표시한 서식이다."

"포장명세서는 어떤 용도로 사용하나요?"

"포장명세서도 상업송장과 마찬가지로 세관에서 물건을 확인하거나 선박회사에서 선적물품의 포장상태를 확인하기 위해서 요구하는 서식이다. 또한 수입자에게 물건의 포장상태를 알려주는 역할도 한다."

"포장명세서는 어떻게 작성하나요?"

"이것도 샘플을 보고 직접 확인해봐라."

이 교수는 포장명세서 샘플을 꺼내서 테이블 위에 올려놓았다.

"샘플에서 보듯이 서식의 윗부분은 상업송장과 별 차이가 없다. 서

PACKING LIST

①Seller/Exporter SMILE CORPORATION 123, SAMSUNG-DONG, KANGNAM-KU, SEOUL, KOREA	⑧No. & date of invoice SCI-0609 JUNE 9, 2020
②Buyer/Applicant HAPPY CORPORATION 111, HAPPY ROAD NEW YORK, USA	⑨Remarks
③Notify party SAME AS ABOVE	

④Port of loading BUSAN, KOREA	⑤Final destination NEW YORK, USA				
⑥Carrier OCEAN GLORY	⑦Sailing on or about JUNE 10, 2020				
⑩ Marks and no. of pkgs	⑪ Description of goods	⑫ Quantity	⑬ Net weight	⑭ Gross weight	⑮ Measurement
HAPPY CORP NEW YORK C/NO. 1-40 ITEM NO :	CAR ACCESSORIES C/NO. 1-20 C-001 C/NO. 21-30 C-002 C/NO. 31-40 C-003	2,000 PCS	2,945 KGS	3,208 KGS	24.532 CBM

⑯Signed by _____

식의 하단으로 내려오면 두 가지 서식의 차이점이 드러나는데 상업송
장에서는 가격이 명시되어 있는 데 반해서 포장명세서에는 가격 대신
에 포장내역이 명시되어 있다."

"net weight와 gross weight의 차이는 뭔가요?"

"net weight는 포장재의 무게를 뺀 물건만의 순중량이고 gross
weight는 포장재 무게를 합친 총중량이란 뜻이지."

"measurement는 부피를 뜻하는 건가요?"

"그렇다. measurement는 물건의 부피를 뜻하는 것이고 부피는 CBM
이라는 단위로 표시하는데 이 부분에 대해서는 나중에 좀 더 자세하게
설명하마."

"상업송장과 포장명세서 외에 수출자가 더 작성해야 되는 서식은 없
나요?"

"간혹 수출자가 작성하는 확인서나 서약서 등을 요구하기도 하지만
일반적인 거래에서는 상업송장과 포장명세서만 작성하면 된다."

"상업송장이나 포장명세서를 작성할 때 유의사항이 있으면 말씀해
주세요."

"유의사항이라기보다도 이런 서식은 계약서와 마찬가지로 각자의
필요에 따라 얼마든지 양식을 달리 만들 수 있다는 걸 기억해둬라."

"그럼 앞서 배운 양식은 그야말로 샘플에 불과하단 말씀인가요?"

"그렇다. 시중에서 판매되는 대부분의 무역실무 책에서는 같은 양
식을 선보이고 있지만 실제 현장에서는 다양한 양식이 사용되고 있다.

예를 들어 commercial invoice와 packing list ②번 항에 For account & risk of Messrs. 대신에 consignee를 기재하기도 한다."

"consignee가 뭐예요?"

"consignee는 notify party와 함께 선하증권(bill of lading)을 배울 때 설명해주마."

"상업송장과 포장명세서가 준비되면 어떻게 하나요?"

"포워더와 관세사에게 사본을 보내주고 각각 운송과 통관 업무를 맡겨야지. 거래조건에 따라 수출자가 적하보험을 들어야 할 경우라면 보험에도 가입하고."

"그다음엔요?"

"관세사가 수출통관절차를 마치면 포워더가 수배한 선박이나 항공기에 물건을 실어서 내보내면 되는 거다."

"그럼 수출자가 해야 할 일은 다 끝난 거네요."

"아니지. 수출자의 할 일은 물건을 실어 보낸다고 해서 끝나는 것이 아니라 수입자가 수입국에서 수입통관을 하고 물건을 찾는 데 필요한 서류를 보내줄 의무가 있다. 이런 서류를 선적서류(shipping documents)라고 한다."

"선적서류에는 어떤 것들이 있나요?"

"앞서 배운 상업송장과 포장명세서 외에도 선하증권(bill of lading), 항공운송장(air waybill), 보험증권(insurance policy), 원산지증명서(certificate of origin) 등이 있다."

"그럼 언급하신 선적서류를 준비해서 수입자에게 보내주면 수출자의 의무는 끝나는 거네요."

"한 가지 덧붙인다면 수입자에게 선적스케줄을 통보해주어야 한다."

"아무튼 이제 남은 건 상업송장과 포장명세서를 제외한 다른 선적서류를 어떻게 준비하느냐 하는 거네요."

"그렇지."

"나머지 선적서류는 어떻게 준비하나요?"

"그건 다음 시간에 설명하마."

"이왕 시작했는데 오늘 다 끝내면 안 되나요?"

"나도 그러고 싶지만 나머지 선적서류를 이해하려면 관련 용어나 절차를 알아야 하기 때문에 시간이 좀 걸린다. 어차피 다섯 번에 나누어 강의를 하기로 했으니까 나머지 선적서류는 다음 시간으로 미루자."

"잘 알겠습니다."

창호가 공손히 인사를 하고 자리에서 일어섰다.

5강

물건은
어떻게 보내나

운송실무를 배우다

　마지막 강의는 창호 어머니의 갑작스러운 입원으로 연기되었다. 퇴근 무렵 어머니가 쓰러졌다는 소식을 전해들은 창호가 병원으로 달려가는 바람에 그날 저녁에 예정됐던 강의는 취소할 수밖에 없었다. 소식을 전해들은 이 교수가 문병 오겠다는 뜻을 밝혔지만 의식을 찾은 어머니가 한사코 사양하는 바람에 두 사람의 만남은 이뤄지지 않았다. 두 사람 사이에 무슨 일이 있었던 것일까? 창호는 어머니가 이 교수를 만나려 하지 않는 속사정이 궁금했지만 내색하지 않았다.

　"어머니는 좀 괜찮으시냐?"

　마지막 강의를 듣기 위해 연구실을 찾았을 때 이 교수는 어머니의 안부부터 물었다.

　"많이 좋아지셨습니다."

창호가 담담한 어조로 말했다. 이 교수는 더 이상 묻지 않고 테이블 위에 놓여 있는 강의노트를 뒤적거렸다.

"자, 이제 강의를 마무리할 때가 되었다. 지난 시간에 어디까지 배웠지?"

이 교수가 짐짓 모른 척하며 창호의 대답을 기다렸다.

"예. 수출자가 물건을 준비하고 상업송장과 포장명세서를 발행하는 것까지 배웠습니다."

"그렇지. 이제 남은 것은 수출자가 물건을 준비한 상태에서 추가적으로 어떤 선적서류들을 준비하느냐 하는 것이다."

"……."

"선적서류 중에서 가장 중요한 것이 바로 선하증권이다."

어느새 테이블에는 새로운 강의노트가 올라와 있었다.

"선하증권에 대해서 배우기 전에 여기 적혀 있는 운송관련 용어부터 정리해보자."

강의노트에는 낯선 용어들이 가득 적혀 있었다.

"해상, 항공, 내륙운송은 각각 해상, 항공, 내륙을 통해서 운송하는 거라고 이해하면 될 거 같은데 복합운송이란 건 뭐예요?"

창호가 물었다.

"국제간의 물품운송에서 하나의 운송계약으로 두 가지 이상의 운송 수단을 사용하여 운송하는 방식을 일컫는 말이다. 예를 들어 수출자의 공장에서 컨테이너에 물건을 실어서 부산까지 운반한 후 선박에 싣고

운송

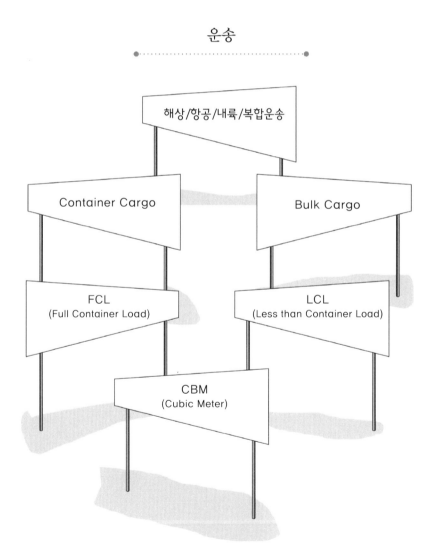

해상/항공/내륙/복합운송

Container Cargo

Bulk Cargo

FCL
(Full Container Load)

LCL
(Less than Container Load)

CBM
(Cubic Meter)

뉴욕까지 운송한다면 부산까지는 내륙운송을 하고 부산에서 뉴욕까지는 해상운송을 해야 하는데 이와 같은 복수의 운송수단을 하나의 계약에 의해서 처리하는 것을 복합운송이라고 한다."

"그래서 포워더를 복합운송주선업자라고 하는 거군요."

"그렇지."

"컨테이너운송과 벌크운송은 뭔가요?"

"컨테이너운송이란 물건을 컨테이너에 넣어서 운송하는 걸 뜻하는데 대부분의 공산품은 컨테이너운송방식으로 운송한다. 컨테이너에 넣어서 운송하는 것이 편리하고 안전하며 경제적이기 때문이지. 그런데 컨테이너에 넣고 싶어도 넣을 수 없는 물건들이 있다. 어떤 것이겠니?"

"글쎄요……."

창호가 고개를 갸웃거렸다.

"쌀 같은 곡물이나 석탄 같은 광물이 대표적이지. 이들은 현실적으로 컨테이너에 넣어서 운송할 수가 없기 때문에 선박에 야적하게 되는데 이와 같이 컨테이너에 넣지 않고 야적상태로 운송하는 것을 벌크(bulk)운송이라고 한다."

"컨테이너운송과 벌크운송의 차이점은 뭔가요?"

"일단 컨테이너를 싣고 가는 배를 컨테이너선이라고 하고 벌크화물을 싣고 가는 배를 벌크선이라고 한다. 통상적으로 컨테이너선의 경우에는 정기적으로 정해진 항로를 운항하기 때문에 정기선이라고 하고 벌크선의 경우에는 비정기적으로 별도의 운송계약에 따라 운행되기 때문에 비정기선이라고 한다."

"그럼 운임을 계산하는 방법도 다르겠네요."

"그렇지. 컨테이너선의 경우에는 항로별로 미리 정해진 운임이 적용되지만 벌크선의 경우에는 별도의 운송계약에 따라 운임이 결정된다. 또한 컨테이너 운임에는 선박에 물건을 싣고 내리는 비용이 포함되지만 벌크 운임에는 이런 비용이 제외되는 것이 일반적이다."

"구체적으로 컨테이너 운임은 어떻게 계산하나요?"

"컨테이너 운임을 계산하는 방법은 FCL이냐 LCL이냐에 따라서 달라진다."

"FCL과 LCL이 뭐예요?"

"FCL은 full container load의 약자로 컨테이너를 가득 채울 수 있는 양의 화물이라는 뜻이고, LCL은 less than container load의 약자로 컨테이너 한 대를 채울 수 없는 소량화물을 일컫는 말이다."

"FCL이냐 LCL이냐에 따라서 운임계산방식이 어떻게 달라지나요?"

"FCL인 경우에는 컨테이너 한 대당 운임이 얼마라는 식으로 결정이 되지만 LCL인 경우에는 CBM당 운임을 적용한다."

"CBM은 또 뭔가요?"

"CBM이란 Cubic Meter의 약자로서 가로, 세로, 높이가 각각 1m일 때를 1CBM이라고 한다."

"실제로 운송할 화물의 CBM은 어떻게 계산하나요?"

"예를 들어 화물을 포장한 박스의 가로, 세로, 높이가 각각 50cm,

60cm, 100cm라고 하면 이를 각각 미터로 환산해서 곱하면 된다. 즉 0.5×0.6×1=0.3이 되기 때문에 한 박스의 부피는 0.3CBM이 되고 만약 그와 같은 박스 10개를 싣는다면 화물의 총부피는 0.3×10으로 계산해서 3CBM이 되는 거다."

"그럼 포워더에게 운송을 의뢰하기 전에 우선 선적할 화물의 CBM을 계산해서 FCL로 처리할 것인지 LCL로 처리할 것인지를 판단해야 하겠네요."

"그렇다."

"그러려면 컨테이너 한 대에 몇 CBM을 실을 수 있는지를 알아야 하잖아요."

"컨테이너는 길이에 따라 20피트와 40피트 두 가지로 나뉘는데 보통 20피트에는 25~33CBM 정도를 실을 수 있고 40피트에는 55~68CBM을 실을 수 있다."

"왜 그렇게 편차가 크나요?"

"박스의 규격에 따라서 실제로 컨테이너에 실을 수 있는 양이 차이가 많이 나기 때문이다. 박스의 규격이 들쑥날쑥한 경우에는 빈 공간이 많이 생길 수도 있고. 어쨌든 정확하게 얼마까지 실을 수 있는지는 실제로 물건을 실어봐야 알 수 있으니까 조금 여유를 두는 것이 좋다."

"항공운송의 경우에는 운임을 어떻게 계산하나요?"

"항공운송의 경우에는 원칙적으로 무게에 따라 운임이 결정된다."

"이제 선하증권에 대해서 설명해주세요."

Bill of Lading

① Shipper/Exporter SMILE CORPORATION 123, SAMSUNG-DONG, KANGNAM-KU SEOUL, KOREA	⑫ B/L No. ; HONEST12345678
② Consignee TO THE ORDER OF NEW YORK BANK	
③ Notify Party HAPPY CORPORATION 111, HAPPY ROAD NEW YORK, USA	

Pre-Carriage by	④ Place of Receipt Busan CY	
⑤ Ocean Vessel OCEAN GLORY	⑥ Voyage No. 123E	⑦ Flag KOREA

⑧ Port of Loading BUSAN, KOREA	⑨ Port of Discharge NEW YORK, USA	⑩ Place of Delivery New York CY	⑪ Final Destination(For the Merchant Ref.)

⑬ Container No. ⑭ Seal No. Marks & No	⑮ No. & Kinds of Containers or Packages	⑯ Description of Goods	⑰ Gross Weight	⑱ Measurement
TEXU0101　　N/M	1 CNTR	CAR ACCESSORIES 2,000 PCS	3,208 KGS	24.532 CBM
Total No. of Containers or Packages(in words) SAY : ONE(1) CONTAINER ONLY		"FREIGHT PREPAID"		

⑲ Freight and Charges AS ARRANGED	⑳ Revenue tons	㉑ Rate	㉒ Per	㉓ Prepaid	㉔ Collect

㉕ Freight prepaid at BUSAN, KOREA	㉖ Freight payable at	㉚ Place and Date of Issue JUNE 10, 2020, SEOUL Signature
㉗ Total prepaid in	㉘ No. of original B/L THREE(3)	
㉙ Laden on board vessel 　Date　　　　Signature 　JUNE 10, 2020		㉛ HONEST Shipping Co. Ltd. 　as agent for a carrier, RICH Liner Ltd.

208

"이게 바로 선하증권이다."

이 교수는 선하증권 샘플을 테이블 위에 올려놓았다.

"선하증권은 영어로는 Bill of Lading, 줄여서 B/L이라고 한다. 선박 회사가 발행하는 일종의 화물인수증이라고 할 수 있는데 증권에 기재된 조건에 따라 물건을 운송해서 도착항에서 증권의 소지인에게 화물을 인도할 것을 약속하는 유가증권이다. 수입자로서는 선하증권 원본이 있어야만 물건을 찾을 수 있기 때문에 선적서류 중에서도 가장 중요한 서식이라고 할 수 있지. 우선 이 서식을 보면서 각 항목의 뜻을 헤아려보아라."

"2번 항의 consignee라는 용어가 생소하네요."

"consignee는 보통 수하인이라고 번역하는데 화물을 받을 사람이라는 뜻으로서 우편물의 수취인에 해당하는 용어다. 운송인은 물건을 목적지까지 운송한 다음 consignee에게 물건을 인도할 의무가 있는 셈이지."

"그럼 consignee는 수입자가 되는 건가요?"

"수입자가 될 수도 있고 안 될 수도 있다."

"그게 무슨 말씀이세요?"

창호가 의아한 표정을 지었다.

"consignee가 누가 되느냐는 결제방식에 따라 달라진다."

"어떻게 달라지나요?"

"우선 결제방식이 송금방식일 때는 수입자가 consignee가 된다. 문제는 결제방식이 신용장방식일 때다. 이때 consignee를 수입자로 지정해놓으면 문제가 발생할 수 있다."

"어떤 문제죠?"

"수출자가 물건을 선적하고 은행을 통해 제출한 서류를 수입자가 인수하지 않을 경우 물건을 처리하기가 곤란해진다."

"구체적으로 말씀해주세요."

"수입자가 서류를 인수하지 않으면 은행에서 물건을 처분해야 하는데 consignee가 수입자로 지정되어 있으면 제삼자에게 물건을 인도하기가 곤란해지지 않겠냐. 그래서 결제방식이 신용장방식일 때는 consignees난에 수입자 대신 to order of라는 문구 다음에 개설은행 이름을 기재하도록 한다."

"to order of의 뜻이 뭔가요?"

"지시에 따른다는 뜻이다. 즉 to order of 다음에 개설은행 이름을 기재하면 개설은행의 지시에 따른다는 뜻이 되는 거다. 이렇게 함으로써 수입자가 대금을 결제하지 않을 경우 은행에서 제삼자에게 물건을 인도할 수 있는 길을 열어놓는 셈이지."

"3번 항의 notify party는 뭔가요?"

"notify party란 우리말로 통지인이라고 하는데 선박회사에서 물건의 도착통지를 보내는 상대방을 뜻하는데 보통 결제방식과 상관없이 수입자가 notify party가 된다."

"5번의 ocean vessel과 6번의 voyage no.는요?"

"ocean vessel난에는 선박명을 기재하고 voyage no.난에는 항해번호를 기재한다."

"8번의 port of loading은 선적항이고 9번의 port of discharge는 하역항이라는 건 알겠는데 4번 place of receipt와 10번 place of delivery에 기재된 CY는 뭔가요?"

"CY는 container yard의 약자인데 선적항에서 컨테이너를 배에 싣기 전이나 도착항에서 배에서 내린 컨테이너를 모아두는 장소를 뜻하는 용어다. 우리말로는 컨테이너야적장이라고 하지."

"왜 place of receipt와 place of delivery가 CY가 되는 건가요?"

"우선 여기서 물건을 인수(receipt)하고 인도(delivery)하는 주체는 선하증권의 발행인인 선박회사다. 그런데 선박회사에서 컨테이너를 직접 선박에서 인수하고 인도하는 것은 현실적으로 어려움이 있다."

"어떤 어려움이 있어요?"

"보통 컨테이너선 한 척에 수천 개에서 많으면 만 개 이상의 컨테이너를 싣는데 만약 선박회사에서 컨테이너를 선박에서 인수하고 인도한다면 일이 엄청 복잡해질 수밖에 없다. 그래서 컨테이너를 선박에서 인수하고 인도하는 대신에 항구에 있는 CY에서 인수하고 인도하는 것이다. 즉 물건을 실을 사람들한테 몇 월 며칠 몇 시까지 선적항에 있는 CY에 컨테이너를 갖다놓으라고 한 다음 마감시간 이후에 CY에 있는 컨테이너를 한꺼번에 선박으로 옮겨 싣는 거다. 마찬가지로 도착항에서도 일단 항구에 있는 CY에 컨테이너를 모두 내려놓고 CY에서 화주들에게 컨테이너를 인도한다."

"LCL인 경우에는 어떻게 하나요?"

"LCL인 경우에는 수출자가 별도로 컨테이너 한 대를 채울 수가 없기 때문에 별도의 운송수단을 사용하여 물건을 선적항까지 싣고 가서 다른 수출자의 물건과 함께 컨테이너에 싣게 된다. 따라서 LCL 화물의 경우에는 선적항에서 컨테이너에 물건을 실을 장소가 필요한데 그것이 바로 CFS다."

"CFS는 무엇의 약자인가요?"

"Container Freight Station의 약자로서 우리말로는 컨테이너작업장이라고 한다. CFS란 선적항에서 소량화물을 컨테이너에 적재하는 장소일 뿐만 아니라 도착항에서 각각의 화주에게 물건을 인도하는 장소이기도 하다."

"한마디로 FCL인 경우에는 CY, LCL인 경우에는 CFS에서 선박회사 또는 포워더와 화주 간에 물건을 인도 또는 인수한다고 정리하면 되겠군요."

"이젠 정리도 잘하는구나."

이 교수가 대견하다는 눈길을 보냈다.

"다시 선하증권 샘플로 돌아가서 16번 Description of Goods 밑에 freight prepaid라고 써놓은 건 뭔가요?"

"운임을 선불로 지급했다는 뜻이다. CIF나 DDP 등과 같이 가격에 운임이 포함된 경우에는 수출자가 선적지에서 운임을 선불로 지급해야 하기 때문에 선하증권에 freight prepaid라고 명시해야 한다."

"그럼 EXW나 FOB처럼 가격에 운임이 포함되지 않은 경우에는 뭐라고 표시하나요?"

"그때는 freight collect라고 표시한다. 즉 그런 조건에서는 수입자가 물건이 도착한 후에 운임을 지급하기 때문에 운임후불이라는 뜻에서 freight collect라고 표시하는 거다."

"No. of original B/L은 선하증권 원본이 몇 통인가를 뜻하는 건가요?"

"그렇다. 통상적으로 선하증권은 원본을 세 통을 발행하고 그중에 한 통이라도 제시하면 물건을 내주도록 되어 있다."

"물건을 내준 다음에 다른 사람이 다른 원본을 들고 와서 물건을 내 달라고 하면 어떻게 하나요?"

"그럴 가능성은 거의 없지만 원본 세 통 중에 한 통이 제시되면 그 즉시 나머지 원본은 원본으로서의 효력이 없어지기 때문에 문제될 것이 없다."

"원본을 모두 잃어버리면 어떻게 하나요?"

"선하증권은 유가증권이기 때문에 원본이 없으면 물건을 찾을 수가 없다."

"재발급은 안 되나요?"

"재발급을 요청할 수는 있지만 발급절차도 까다롭고 담보 등을 요구하기 때문에 원본을 잘 챙기는 것이 중요하다."

"아무튼 선하증권이 있어야 물건을 찾을 수 있으니까 무역서식 중에 가장 중요한 서식이라고 하는 것이 허투루 하는 말이 아니네요."

"선하증권은 수입자가 물건을 찾기 위해서도 필요하지만 수출자가 물건을 싣고 수입자에게 대금지급을 요청할 때도 없어서는 안 되는 서류다. 따라서 신용장에서 요구하는 서류 중에서도 가장 중요한 서류가 선하증권이라고 할 수 있다."

"신용장 문구를 보면 documents required난에 full set of clean on board ocean bill of lading made out to the order of New York Bank marked freight prepaid notify applicant라고 되어 있는데 설명 좀 해주세요."

"신용장에서 요구하는 선하증권의 조건을 구체적으로 명시해놓은 것이다."

"우선 full set가 뭐예요?"

"그건 full set of bill of lading이라고 해석해서 발행한 원본을 전부 제출하라는 뜻이다."

"그럼 clean은 clean bill of lading이라고 해석해야겠네요."

"그렇지. clean B/L이란 아무런 단서조항이 없는 선하증권을 뜻한다."

"좀 더 자세하게 설명해주세요."

"원래 선박회사에서 선적할 화물의 상태를 일일이 확인할 의무는 없다. 하지만 컨테이너의 한쪽 편이 찌그러졌다든지 하는 등의 외관상 문제가 있는 경우에 정상적으로 선하증권을 발행했다가는 나중에 문제가 될 수가 있다. 선박회사에서 컨테이너를 잘못 취급해서 안에 든 물건이 파손됐다는 식의 문제가 제기될 수 있기 때문이지. 그래서 선박회사에서 화물을 인수할 때 화물의 포장상태나 포장개수를 확인해서 이상이 있을 때는 선하증권에다 그런 내용을 기재해놓는데 이와 같은 선하증권을 dirty B/L 또는 foul B/L이라고 한다."

"그러면 clean B/L이란 건 선하증권상에 아무런 단서조항이 없는 깨끗한 B/L이라는 뜻이고 신용장에서 clean B/L을 요구한다는 건 dirty B/L 또는 foul B/L은 거절한다는 뜻으로 해석할 수 있겠네요."

"옳거니."

"on board bill of lading이란 건 또 뭔가요?"

"on board B/L은 화물이 선박에 적재되었음을 증명하는 선하증권을 일컫는 말로서 received B/L의 반대말이다."

"received B/L이란 어떤 B/L을 뜻하나요?"

"received B/L이란 선박회사에서 아직 화물을 선박에 적재하지 않은 상태에서 화물을 수취했다는 것만을 증명하는 B/L이다. 예를 들어 화물을 적재할 선박이 아직 입항하지 않은 상태에서 화물을 수취했을 때 화주의 요청에 따라 발행하는 B/L이다."

"그럼 신용장에서 on board B/L을 요구한다는 것은 received B/L은 거절한다는 뜻으로 해석할 수 있겠네요."

"그렇지."

"ocean bill of lading은 해상운송의 경우 발행하는 해상 선하증권이라고 이해가 되는데 그럼 항공운송의 경우에는 air bill of lading이 발행되나요?"

"항공운송의 경우에는 air waybill이 발행된다. air waybill에 대해서는 나중에 따로 알아보기로 하자."

"신용장 문구 중에 bill of lading 뒤에 나오는 문장은 이미 설명해주신 내용이네요."

"그렇다. made out to the order of New York Bank라는 건 consignee를 개설은행인 New York Bank의 지시에 따른다고 기재하라는 것이고, marked freight prepaid는 운임을 선불한다고 표시하라는 뜻이고, notify applicant는 개설의뢰인인 수입자를 통지인으로 기재하라는 뜻이지."

"이 정도면 선하증권에 대해서는 정리가 된 것 같은데요. 혹시 운송이나 선하증권과 관련해서 더 알아둘 건 없나요?"

"우선 L/G라는 걸 알아둘 필요가 있다."

"L/G가 뭔가요?"

"letter of guarantee의 약자인데 신용장방식의 거래에서 물건은 도착했는데 선하증권 원본이 도착하지 않아서 물건을 찾을 수 없을 때 수입자와 개설은행이 연대하여 선박회사 앞으로 발행하는 일종의 보증서다."

"무얼 보증하는 건가요?"

"선하증권 원본이 도착하면 이를 제출할 것과 선하증권 원본 없이 물건을 인도하는 데 따른 모든 문제에 대해서 선박회사에게 책임을 지우지 않겠다는 것을 보증하는 거다."

"송금방식의 거래에서 선하증권 원본보다 화물이 먼저 도착하는 경우에는 어떻게 하나요?"

"그럴 때는 surrender B/L이라는 방식을 사용한다."

"surrender B/L이 뭐예요?"

"여기서 surrender란 포기한다는 뜻으로 original B/L을 처음부터 발행하지 않거나 이미 발행된 경우에는 선박회사에 반납한다는 뜻이지."

"original B/L이 없으면 수입자가 화물을 어떻게 찾나요?"

"선적지의 운송인이 도착지의 운송인에게 메시지를 보내서 B/L이 surrender되었음을 통보하고 수입자는 수출자가 보내주는 B/L 사본을 제출하고 화물을 인수한다."

"그럼 surrender B/L 방식은 우리나라와 일본, 대만, 중국 등과 같은 인접 국가 간의 거래에서 많이 쓰이겠네요."

"맞다. 인접 국가와 신용장방식으로 거래할 때는 L/G를 사용하고 송금방식으로 거래할 때는 surrendered B/L 방식을 사용한다고 정리해 둬라."

"B/L에 대해서는 이 정도만 알면 되나요?"

"마지막으로 한 가지만 더 소개하자면 switch B/L이란 것이 있다."

"switch B/L이 뭐예요?"

"B/L을 바꾼다는 뜻이다."

"B/L을 바꾸다니요?"

"이건 주로 중계무역에서 사용하는 방식인데, 중계무역상이 수입자에게 원수출자가 누군지 노출하고 싶지 않을 때 사용한다."

"어떻게요?"

"선적지에서 발행된 original B/L을 운송사에 반납하거나 original B/L
의 발행을 포기하고 shipper를 중계무역상으로 교체하여 새로운 B/L을
발급받는 거다."

"그럼 자신이 직접 수출하는 경우에는 해당되지 않겠네요?"

"그렇지. 그러니까 그냥 이런 방식도 있다는 정도로 이해해둬라."

"이제 air waybill에 대해서 설명해주세요."

창호가 기다렸다는 듯이 말했다.

"우선 여기 양식을 봐라."

이 교수가 새로운 양식을 꺼내서 테이블 위에 올려놓았다.

"이게 air waybill, 즉 항공화물운송장 양식이다. 줄여서 AWB라고도
하지."

"B/L하고 차이점은 뭔가요?"

"AWB의 기본적인 성격은 B/L과 같지만 B/L이 화물의 수취를 증명
함과 동시에 유가증권의 성격을 가지고 있어서 유통이 가능한 반면에
AWB는 화물의 수취를 증명하는 영수증에 불과하며 유통이 불가능하
다는 점에서 차이가 있다."

"AWB는 원본이 몇 통 발급되나요?"

"B/L과 마찬가지로 AWB도 3통의 원본이 발행되는데 내용 면에서는
B/L과 조금 다르다."

Shipper's Name and Address	Shipper's Account Number	Not negotiable **Air Waybill** issued by	**KOREAN AIR**
SMILE CORPORATION 123, SAMSUNG-DONG, KANGNAM-KU SEOUL, KOREA		Copies 1, 2 and 3 of this Air Waybil are originals and have the same validity.	

Consignee's Name and Address	Consignee's Account Number
NEW YORK BANK NEW YORK NOTIFY APPLICANT HAPPY CORPORATION 111, HAPPY ROAD NEW YORK, USA	It is agreed that the goods described herein are accepted in apparent good order and condition (except as noted) for carriage SUBJECT TO THE CONDITIONS OF CONTRACT ON THE REVERSE HEREOF. THE SHIPPER'S ATTENTION IS DRAWN TO THE NOTICE CONCERNING CARRIER'S LIMITATION OF LIABILITY. Shipper may increase such limitation of liability by declaring a higher value for carriage and paying a supplemental charge if required.

Telephone :

Issuing Carrier's Agent Name and City	Accounting Information
HONEST CARGO LTD	RATE CHARGE

Agent's IATA Code	Account No.
57193220011	57193220011

EX RATE USD 1.00 = KRW 1,000
AIR FREIGHT PREPAID
0901EA020

Airport of Departure(Addr. of First Carrier) and Requested Routing
INCHEON AIRPORT

TO NY	By First Carrier KOREAN AIR	Routing and Destination	to	by	to	by	Currency USD	CHGS Code	WT/VAL WT/VAL PPD COLL PP	Other Other PPD COLL PP	Declared Value for Carriage N.V.D.	Declared Value for Customs N.C.V.

Airport of Destination NEW YORK AIRPORT	Flight/ Date	For Carrier Use Only	Flight/Date	Amount of Insurance NIHILL	INSURANCE-If Carrier offers Insurance, and such insurance is requested in accordance with conditions on reverse hereof, indicate amount to be insured in figures in box marked 'amount of Insurance'.

No. of Pieces RCP	Gross Weight	kg lb		Rate Class Commodity item No.	Chargeable Weight	Rate / Charge	Total	Nature and Quantity of Goods (incl. Dimensions or Volume)
1	18,000	K			18.0	12.48	224.64	2,000 PCS OF CAR ACCESSORIES COUNTRY OF ORIGIN : R.O.K. CIF NEW YORK AIRPORT FREIGHT PREPAID L/C NUMBER : L12345678
1	18,000	K					224.64	

Total Other Charges Due Agent	Shipper certifies that the particulars on the face hereof are correct and that insofar as any part of the consignment contains dangerous goods, such part is properly described by name and is in proper condition for carriage by air according to the applicable Dangerous Goods Regulations.
110.00	
Total Other Charges Due Carrier	HOPE CARGO LTD AS AGENT FOR CARRIER KOREAN AIR
9.00	_____ Signature of Shipper or his Agent

Total Prepaid	Total Collect	
343.64		12/06/2020 SEOUL JOHN KIM
Currency Conversion Rates	CC Charges In Dest Currency	Executed on(date) at(place) Signature of Issuing Carrier or its Agent

For Carrier's Use Only at Destination	Charges at Destination	Total Collect Charges	**123 4567 8910**

"어떻게요?"

"B/L은 원본 3통의 효력이 동일해서 원본 중 어느 한 통만 제출해도 물건을 찾을 수 있지만 AWB는 원본 3통의 용도가 각각 별도로 지정되어 있다."

"어떻게요?"

"original-1은 carrier용으로서 항공사가 보관하고, original-2는 consignee용으로서 물건과 함께 수입국으로 보내져서 항공사의 파트너인 운송대리점에서 보관했다가 consignee에게 전해주며, original-3는 shipper용으로서 수출자가 네고 또는 운송증빙용으로 사용한다."

"여기 샘플에 보니까 consignee난에 은행이름이 명시되어 있는데 그러면 수입자가 어떻게 물건을 찾나요?"

"결제조건이 신용장방식일 때 B/L의 경우에는 개설은행의 지시에 따라서 물건을 인도하도록 되어 있지만 AWB의 경우에는 consignee를 개설은행으로 지정해놓고 수입자로 하여금 개설은행으로부터 항공수입화물 인도승낙서를 발급받아서 항공사에 제출하고 물건을 인수하도록 되어 있다."

"운송에 대해서 더 배울 건 없나요?"

"이 정도만 알면 일반적인 무역거래를 하는 데 큰 지장은 없을 거다. 어차피 운송 업무는 포워더가 알아서 챙겨주니까 너무 걱정할 필요가 없다. 자, 이제부턴 보험에 대해서 알아보기로 하자."

이 교수는 잠시 숨을 돌리고 강의노트를 뒤적거렸다.

보험실무를 배우다

"무역과 관련된 보험으로는 적하보험과 수출보험이 있다."

"적하보험은 물건이 이동 중에 분실되거나 파손됐을 때 보상해주는 보험이라고 배웠는데 수출보험은 뭔가요?"

"수출보험은 수출자에게 물건과 상관없는 손해를 보상해주는 보험이다. 예를 들어 수출자가 물건을 수출하고 수입자로부터 돈을 못 받을 경우의 손해를 보상해주는 거지."

"수출보험은 어디서 취급하나요?"

"적하보험은 손해보험회사에서 취급하지만 수출보험은 수출을 지원하기 위한 일종의 정책보험이라서 한국무역보험공사에서만 취급한다."

"그럼 수출자는 누구나 수출보험의 혜택을 받을 수 있나요?"

"누구나 보험의 혜택을 받을 수 있는 건 아니고 보험에 가입한 수출자에게만 보험의 혜택이 돌아간다."

"수출보험의 종류에는 어떤 것들이 있나요?"

"가장 대표적인 것이 앞서 얘기한 대로 수출대금을 받지 못했을 때 보상해주는 단기 또는 중장기수출보험이다. 이밖에도 환변동보험을 비롯해서 다양한 종목이 있으니 좀 더 자세한 내용은 한국무역보험공사 웹사이트(www.ksure.or.kr)를 참고하도록 해라."

"수입자를 지원하기 위한 보험은 없나요?"

"수입보험이 따로 있지만 지극히 제한적으로 운영되기 때문에 일반 상품의 경우에는 수입보험의 혜택을 받을 수가 없다."

"이제 적하보험에 대해서 설명해주세요."

"무역실무 책에서 다루는 적하보험에 대한 내용 중에서 가장 어렵고 헷갈리는 것이 바로 보험조건별 담보범위다."

"담보범위란 게 뭔가요?"

"손해가 발생했을 때 보험회사에서 보상해주는 범위를 뜻하는 거지. 좀 더 쉽게 말하면 어떤 손해를 보상해주느냐 하는 거다."

"보험조건에는 어떤 것들이 있나요?"

"여기 그림을 봐라."

이 교수는 보험조건이 표시된 강의노트를 꺼내보였다.

"보험조건은 협회적하약관(Institute Cargo Clause)에서 규정하고 있는데 협회적하약관은 구약관과 신약관으로 나눠진다."

"신약관이 나오면 구약관은 없어지는 거 아닌가요?"

적하보험

구약관

F.P.A.
W.A.
A/R

신약관

ICC(C)
ICC(B)
ICC(A)

"일반적으로는 그렇지만 보험조건에서만은 구약관과 신약관을 병행해서 사용하고 있다."

"그럼 여기 그림에 나오는 조건들을 다 공부해야 하겠네요."

"물론 다 공부해서 나쁠 건 없지만 내가 간단히 정리해서 설명해줄테니 들어봐라."

이 교수는 잠시 말을 멈추고 물 한 모금을 마신 후 말을 이었다.

"구약관에서는 F.P.A<W.A.<A/R 순으로 보상범위가 크다. A/R은 All Risk의 약자이기 때문에 모든 위험에 대해서 보상해준다는 뜻이지. 신약관에서는 ICC(C)<ICC(B)<ICC(A) 순으로 보상범위가 크고 ICC(A)에서는 A/R조건과 마찬가지로 모든 위험을 보상해주는 조건이라고 할 수 있다."

"구체적으로 각 조건의 보상범위는 어떻게 차이가 나나요?"

"굳이 그런 것까지 자세하게 공부하지 않아도 된다."

"왜요?"

"실무에서는 거의 A/R 아니면 ICC(A) 조건으로 보험을 들기 때문이다."

"특별한 이유라도 있나요?"

"어차피 보험을 드는 목적이 만약의 사고를 대비하기 위한 거니까 보험료를 조금 더 내더라도 가급적 모든 위험에 대해서 보상해주는 조건을 선호하기 때문이지."

"A/R이나 ICC(A) 조건으로 보험을 들면 어떠한 경우라도 손해를 보상받을 수 있나요?"

"유감스럽게도 안 그렇다."

"안 그렇다니요?"

"특수한 위험에 대해서는 보상을 해주지 않는 면책조항이 있기 때문이지. 예를 들면 전쟁이나 폭동, 파업으로 인한 손해에 대해서는 보상해주지 않는다."

"그런 위험에 대해서도 보상을 받으려면 어떻게 하나요?"

"추가보험료를 내고 특약을 체결해야 한다. 보통 전쟁위험을 보상해주는 War Clause와 파업, 폭동, 소요위험을 보상해주는 SRCC(Strike, Riots, Civil Commotion) Clause를 특약으로 많이 체결한다."

"그럼 적하보험은 대개 A/R이나 ICC(A)조건으로 가입하면서 War Clause와 SRCC Clause를 특약으로 체결한다고 정리하면 되겠네요."

"정리하는 실력이 갈수록 느는구나."

이 교수가 다시 한 번 대견하다는 표정을 지었다.

"적하보험과 관련해서 더 알아야 할 건 없나요?"

창호가 물었다.

"그건 실제로 보험증권을 보면서 확인해보자."

이 교수는 강의자료 꾸러미에서 보험증권 샘플을 꺼내서 테이블 위에 올려놓았다.

"2번에 나오는 assured란 건 뭔가요?"

"assured란 피보험자로서 보험계약에 따르는 피보험이익을 가지는 자를 뜻한다. 샘플에서는 수출자가 보험을 들었기 때문에 수출자의 이

Honest Insurance Co., Ltd.
CERTIFICATE OF MARINE CARGO INSURANCE

Assured(s), etc ② SMILE CORPORATION	

Certificate No. ① 00259A87523	Ref. No.③ Invoice No. SCI-0609 L/C No. L12345678
Claim, if any, payable at : ⑥ 　　HONEST MARINE SERVICE 　　222 Honest Road New York 　　Tel (202) 309-59412 Claims are payable in	Amount insured ④ USD45,100.00 (USD41,000.00 X 110%)

Survey should be approved by ⑦ THE SAME AS ABOVE	Conditions ⑤ * INSTITUTE CARGO CLAUSE(A) 1982 * CLAIMS ARE PAYABLE IN AMERICA IN 　THE CURRENCY OF THE DRAFT.
⑧ Local Vessel or Conveyance	⑨ From(interior port or place of loading)	
Ship or Vessel called the ⑩ OCEAN GLORY	Sailing on or about ⑪ JUNE 10, 2020	
at and from ⑫ BUSAN, KOREA	⑬ transshipped at	
arrived at ⑭ NEW YORK, USA	⑮ thence to	

Goods and Merchandise ⑯ 2,000 PCS OF CAR ACCESSORIES	Subject to the following Clauses as per back hereof institute Cargo Clauses Institute War Clauses(Cargo) Institute War Cancellation Clauses(Cargo) Institute Strikes Riots and Civil Commotions Clauses Institute Air Cargo Clauses(All Risks) Institute Classification Clauses Special Replacement Clause(applying to machinery) Institute Radioactive Contamination Exclusion Clauses Co-Insurance Clause Marks and Numbers as

Place and Date signed JUNE 9, 2020　No. of Certificates issued. ⑰ TWO

⑱ This Certificate represents and takes the place of the Policy and conveys all rights of the original policyholder
(for the purpose of collecting any loss or claim) as fully as if the property was covered by a Open Policy direct to the holder of this Certificate.

This Company agrees losses, if any, shall be payable to the order of Assured on surrender of this Certificate. Settlement under one copy shall render all others null and void.

Contrary to the wording of this form, this insurance is governed by the standard from of English Marine Insurance Policy.

In the event of loss or damage arising under this insurance, no claims will be admitted unless a survey has been held with the approval of this Company's office or Agents specified in this Certificate.

SEE IMPORTANT INSTRUCTIONS ON REVERSE
⑲ Honest Insurance Co., Ltd.

AUTHORIZED SIGNATORY

This Certificate is not valid unless the Declaration be signed by an authorized representative of the Assured.

름이 기재된 거고."

"6번의 claim, if any, payable at은 무슨 뜻인가요?"

"여기서 클레임이란 손해보상금을 뜻하는 거고 수입자가 있는 미국 소재 보험회사에서 손해보상금을 지급한다는 뜻이지."

"4번의 amount insured는 보험에 드는 금액을 기재한 걸로 보이는데 왜 110%를 곱하나요?"

"수입자의 입장에서 운송 도중에 사고가 났을 때 100%만 보상을 받는다면 손해를 보았다고 생각할 수도 있기 때문에 통상적으로 물품금액의 110%에 해당하는 금액에 대해서 보험을 든다."

"100%를 보상받는데 왜 손해를 보았다고 생각하나요?"

"만약 사고가 나지 않았다면 수입한 물건을 팔아서 어느 정도의 이익을 볼 수 있었을 텐데 사고가 발생함으로써 그런 이익을 볼 수 없기 때문이지."

"그렇군요. 마지막으로 5번에 기재된 것이 바로 보험조건이군요."

"그렇다. 샘플에 Institute Cargo Clause(A)라고 기재한 것이 앞서 말한 ICC(A) 조건이다. 그리고 밑에 작은 글씨로 표시한 것이 추가로 체결한 특약조건이지."

"적하보험에 대해서 더 알아야 할 건 없나요?"

"신용장의 documents required항에서 보험증권 관련항목을 보면 endorsed in blank라는 문구가 나오는데 이걸 백지이서(白紙裏書) 또는 백지배서(白紙背書)라고 한다."

"백지이서가 뭐예요?"

"보험증권의 뒷면에 피보험이익을 양도한다는 의사를 표시하는 것이다. 이때 권리를 양도받을 사람을 지정하지 않고 이서한다고 해서 백지이서라고 한다."

"피보험이익을 왜 양도하나요?"

"앞서 배운대로 CIF나 CIF 조건의 거래에서 보험에 가입하는 사람은 수출자이지만 사고가 났을 때 보상을 받는 것은 수입자이기 때문에 수출자가 보험에 가입하고 피보험이익을 양도한다는 의미로 백지이서를 하는 거다. 보통 수출자가 보험증권의 뒷면에 회사 영문스탬프를 찍어서 은행에 제출한다."

"근데 왜 양도받을 사람을 수입자로 지정하지 않나요?"

"신용장방식의 거래에서 수입자가 대금을 결제하지 않으면 은행에서 물건을 처분해야 하기 때문에 수입자를 지정하지 않았다가 수입자가 대금을 결제하면 백지이서된 보험증권을 수입자에게 넘겨줌으로써 권리를 행사하도록 한다."

"이 정도면 보험증권에 대해서도 정리가 된 것 같네요."

통관실무를 배우다

"자, 이제 통관만 남았다. 통관 업무는 관세사가 처리해주기 때문에 구체적인 절차는 몰라도 되지만 개략적인 통관절차나 관련용어 정도는 알아두는 게 좋다."

이 교수는 강의노트 꾸러미에서 두 장의 강의노트를 꺼내서 테이블 위에 올려놓았다. 각각 수출통관절차와 수입통관절차라는 제목이 붙어 있었다.

"우선 수출통관절차에 대해서 알아보기로 하자. 그림에서 보듯이 수출통관을 하기 위해서는 우선 수출신고를 해야 한다."

"수출신고는 누가 어떻게 하나요?"

"수출신고를 하려면 수출신고서를 작성해서 세관에 제출하면 되는데 수출자가 직접 할 수도 있지만 대개 관세사가 대신 처리해준다."

수출통관절차

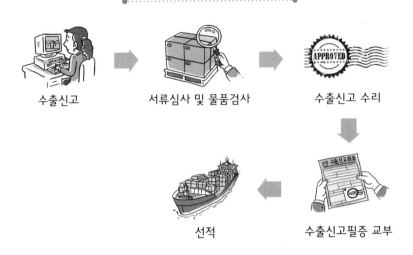

수출신고   서류심사 및 물품검사   수출신고 수리

선적   수출신고필증 교부

수입통관절차

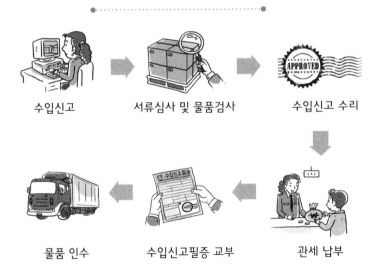

수입신고   서류심사 및 물품검사   수입신고 수리

물품 인수   수입신고필증 교부   관세 납부

"수출신고서에는 무얼 기재하나요?"

"그건 실제 수출신고서 양식을 보면서 확인해보도록 하자."

이 교수는 수출신고서 양식을 꺼내서 테이블 위에 올려놓았다.

"여기서 신고자란에는 수출자 또는 관세사를 기재하면 되겠네요. 나머지 수출자, 제조자, 구매자 난에는 각각 해당업체를 기재하면 될 거고. 근데 21번의 환급신청인이란 건 뭐예요?"

"그건 관세환급을 신청하는 사람이란 뜻이다."

"관세환급이 뭐예요?"

"전에 한번 설명한 거 같은데……. 관세환급이란 수출품을 만들기 위해서 사용하는 원료나 부품을 수입할 때 냈던 관세를 돌려주는 것이다. 원료나 부품을 수입할 때 관세를 냈더라도 완제품을 국내에서 팔면 환급해주지 않고 수출한 경우에만 환급해주기 때문에 수출보험제도와 더불어 수출지원정책의 하나라고 볼 수 있다."

"관세를 환급받기 위한 절차는 복잡하지 않나요?"

"복잡하지. 하지만 걱정할 필요는 없다. 어차피 관세환급 업무도 관세사가 대행해주니까 말이다. 중요한 것은 수출 후에 관세환급을 받을 수 있다는 걸 잊지 말고 챙겨야 한다는 거다."

"31번의 세번부호라는 건 뭔가요?"

"앞서 배운 HSK Code를 뜻하는 거다."

"수출입신고서에 HSK Code를 명시하는 이유는 뭔가요?"

"해당 상품의 HSK Code에 따라서 수출입 절차가 달라질 수 있고 수

수 출 신 고 서

제출번호	⑤ 신고번호	⑥ 신고일자	⑦ 신고구분	⑧ C/S 구분
① 신고자				

② 수 출 자 부호 수출자구분	⑨ 거래구분		⑩ 종류	⑪ 결제방법
위탁자 (주소) (대표자) (통관고유부호) (사업자등록번호)	⑫ 목적국		⑬ 적재항	
	⑭ 운송형태		⑮ 검사방법선택 검사희망일	
	⑯ 물품소재지			

③ 제 조 자	⑰ L/C 번호	⑱ 물품상태
(통관고유부호) 제조장소 산업단지부호	⑲ 사전임시개청통보여부	⑳ 반송 사유
④ 구매자 (구매자부호)	㉑ 환급신청인 (1: 수출/위탁자, 2: 제조자) 간이환급	
	㉒ 환급기관	

품명·규격(란번호/총란수 :)

㉓ 품명	㉕ 상표명
㉔ 거래품명	

㉖ 모델규격		㉗ 성분	㉘ 수량	㉙ 단가(XXX)	㉚ 금액(XXX)
㉛ 세번부호		㉜ 순중량	㉝ 수량	㉞ 신고가격(ROB)	
㉟ 송품장부호		㊱ 수입신고번호	㊲ 원산지	㊳ 포장개수(종류)	
㊴ 총중량		㊵ 총포장개수	㊶ 총신고가격 (FOB)		
㊷ 운임		㊸ 보험료(₩)	㊹ 결제금액		
㊺ 수입화물 관리번호			㊻ 컨테이너번호		
㊼ 수출요건확인 (발급서류명)					

※ 신고인기재란	㊽ 세관기재란
㊾ 운송(신고)인 ㊿ 기간 부터 까지	⑤ 신고수리일자 ⑤ 적재의무기한
	담당자

입 시 부과하는 관세율도 달라지기 때문이지."

"그래서 품목이 정해지면 해당 품목의 품목별수출입요령을 미리 확인해두어야 하는 거네요."

"그렇다. 물건을 외국으로 내보내거나 외국에서 들여온 물건을 인수하기 위해서는 반드시 세관의 수출입심사를 통과해야 하는데 이때 세관에서 확인하는 것이 바로 해당 품목의 품목별수출입요령이다. 그러니까 품목별수출입요령을 확인해서 수출입에 따르는 규제사항이 있는지를 미리 확인해두어야 한다."

"수입신고서 양식에서 특별히 눈여겨볼 건 없나요?"

"직접 양식을 보면서 확인해보자."

이 교수는 수입신고서 양식을 테이블 위에 올려놓았다.

"수출신고서 양식과 크게 다르지 않네요. 다만 수출신고서 양식에는 없는 각종 세금을 기재하는 난이 있다는 것이 눈에 띄네요."

"수입할 때 내는 세금에는 관세와 부가세가 있고, 일부 상품의 경우에는 개별소비세나 교통세, 주세 등이 추가로 부과된다."

"그런데 수출신고서에는 신고가격(FOB)란이 있고 수입신고서에는 과세가격(CIF)란이 있는데 차이가 뭔가요?"

"수출할 때는 FOB 조건의 가격을 신고하도록 하고 수입할 때는 CIF 조건의 가격을 기준으로 세금을 부과하기 때문에 과세가격이라고 부르는 거다."

"그럼 실제로 거래하는 거래조건과 상관없이 수출할 때는 FOB 조건

 수 입 신 고 서   (갑지)

① 신고번호		② 신고일	③ 세관, 과		⑥ 입항일	※ 처리기간 : 3일
④ B/L(AWB)번호		⑤ 화물관리번호			⑦ 반입일	⑧ 징수형태
⑨ 신 고 자			⑭ 통관계획	⑱ 원산지증명서 유무	⑳ 총중량
⑩ 수 입 자					
⑪ 납세의무자			⑮ 신고구분	⑲ 가격신고서 유무	㉑ 총포장개수
(주소)					
(상호)			⑯ 거래구분	㉒ 국내도착항	㉓ 운송형태
(성명)					
⑫ 무역대리점			⑰ 종류	㉔ 적출국	
⑬ 공 급 자				㉕ 선기명	
			㉖ MASTER B/L 번호		㉗ 운수기관부호

⑱ 검사(반입)장소

● 품명·규격(란 번호/총란수 :)

㉙ 품명		㉛ 상표		
㉚ 거래품명				

㉜ 모델·규격	㉝ 성분	㉞ 수량	㉟ 단가	㊱ 금액

㊲ 세번부호		㊳ 순중량		㊷ C/S 검사		㊹ 사후확인기
㊳ 과세가격(CIF)		㊵ 수량		㊸ 검사변경		
		㊶ 환급물량		㊺ 원산지표시	㊻ 특수세액	

㊼ 수입요건확인 (발급서류명)					

㊽ 세종	㊾ 세율(구분)	㊿ 감면율	51 세액	52 감면분납부호	감면액	* 내국세종부호
xx						
xx						
xx						
xx						
xx						

53 결제금액(인도조건-통화종류-금액-결제방법)				55 환율	

54 총과세가격		56 운임		58 가산금액		63 납부번호
		57 보험료		59 공제금액		64 부가가치세과표

60 세종	61 세액	※ 관세사기재란	65 세관기재란
관세			
특소세			
교통세			
주세			
교육세			
농특세			
부가세			
신고지연가산세			
62 총세액합계		66 담당자	67 접수일시	68 수리일자

의 가격을 신고하고 수입할 때는 CIF 조건의 가격을 신고해야 하는 건가요?"

"그렇다. 그렇기 때문에 우리나라의 수출실적이란 것도 엄밀히 말하면 FOB 조건의 실적을 뜻하는 거고 수입실적은 CIF 조건의 실적을 뜻하는 거다."

"수출입신고서 내용은 그 정도로 하고요. 신고서를 제출한 다음에는 어떻게 되나요?"

"수출의 경우에는 세관에서 품목별수출입요령에 따라 서류심사를 하고 필요한 경우에는 물품검사를 한 후에 이상이 없으면 신고서를 수리하고 수출신고필증을 교부해준다."

"수입의 경우는요?"

"수입의 경우에는 세관에서 수입신고서를 수리하고 수입자가 관세를 비롯한 세금을 납부한 후에 수입신고필증을 교부해준다."

"수출면장이나 수입면장이란 건 뭔가요?"

"그건 예전에 쓰던 서식인데 1996년에 수출입면허제를 수출입신고제로 바꾸고 나서 각각 수출신고필증과 수입신고필증으로 바뀐 거다."

"수출신고필증이나 수입신고필증이 교부되면 통관절차가 끝났다고 할 수 있네요."

"그렇지. 수출의 경우에는 수출신고필증을 선박회사에 제시하고 물건을 선적해서 보내면 되고 수입의 경우에는 수입신고필증을 제시하고 물건을 인수하면 된다."

"통관과 관련해서 더 알아둘 건 없나요?"

"원산지제도에 대해서 알아둘 필요가 있다."

"원산지가 뭔가요?"

"물건이 생산된 나라를 뜻하는 거다."

"원산지는 어떻게 판정하나요?"

"원산지를 판정하는 기준은 품목이나 나라마다 다르기 때문에 일률적으로 설명하기 곤란하다. 따라서 수출의 경우라면 품목과 수출국이 정해진 다음에 상대국의 원산지관련규정을 확인해서 대비할 수밖에 없다."

"수입의 경우는요?"

"수입의 경우에도 원산지판정기준은 품목이나 상대국에 따라서 달라질 수 있기 때문에 별도로 확인해야 한다."

"원산지가 어디라는 건 밝혀졌다고 치고 그다음에 해야 할 일은 뭔가요?"

"우리나라의 원산지제도는 크게 원산지표시제도와 원산지확인제도로 구분할 수 있다."

"원산지표시제도는 뭔가요?"

"말 그대로 물건에다 원산지가 어디라는 걸 Made in China 또는 Product of China 등과 같이 표시하도록 규정한 거다."

"구체적으로 원산지를 어디다 어떻게 표시해야 하나요?"

"그것도 품목에 따라 다르기 때문에 구체적인 내용은 별도로 확인해야 한다."

"원산지확인제도는 또 뭔가요?"

"원산지가 어디라는 걸 서류로서 확인하는 제도지."

"어떤 서류로 확인하나요?"

"원산지증명서(certificate of origin)라는 서류로 확인한다."

"모든 품목을 수입할 때 원산지를 표시하고 원산지증명서를 제출해야 하나요?"

"그건 아니고 품목별수출입요령에 원산지표시대상품목이라고 적혀 있으면 원산지를 표시해야 하고 원산지확인대상품목이라고 적혀 있으면 원산지증명서를 제출해야만 수입신고필증을 교부받을 수 있다."

"그러니까 물건을 수입할 때 원산지관련규정을 잘 확인해서 미리미리 대비를 해야겠네요."

"수입할 때뿐만 아니라 수출할 때도 수입국의 원산지규정에 따라 물건을 준비하고 서류를 챙겨야 한다."

"참, FTA를 체결한 국가와의 거래에서도 원산지증명서를 챙겨야 하지 않나요?"

"그렇지. FTA를 체결한 국가 간의 거래에는 관세특혜가 부여되니까 반드시 원산지증명서가 필요하다."

"원산지증명서는 어디에서 발행하나요?"

"그건 상대국의 원산지규정이나 용도에 따라 달라질 수 있다. 주로 상공회의소나 세관에서 발행하지만 경우에 따라서는 수출자가 발행

1. Exporter(Name, address, country) SMILE CORPORATION 123, SAMSUNG-DONG, KANGNAM-KU SEOUL, KOREA	**ORIGINAL**	
	CERTIFICATE OF ORIGIN issued by	
2. Consignee(Name, address, country) TO THE ORDER OF NEW YORK BANK	THE KOREA CHAMBER OF COMMERCE & INDUSTRY Seoul, Republic of Korea	
	3. Country of Origin REPUBLIC OF KOREA	
4. Transport details FROM : BUSAN, KOREA TO : NEW YORK, USA BY : SAILING ON OR ABOUT JUNE 10, 2020	5. Remarks SCI-0609 JUNE 9, 2020	

6. Marks & numbers ; number and kind of packages ; description of goods	7. Quantity
HAPPY CORP CAR ACCESSORIES NEW YORK C-001 C/NO. 1-40 C-002 ITEM NO : C-003	2,000 PCS

8. Declaration by the Exporter	9. Certification
(Signature) (Name)	-- Authorized Signatory
	Certificate No.

THE KOREA CHAMBER OF COMMERCE & INDUSTRY

하는 원산지증명서를 인정해주기도 한다. 특히 FTA 체결국과의 거래에서는 FTA에서 규정한 원산지발행자와 양식을 따라야 한다."

"원산지증명서는 어떻게 생겼어요?"

"여기 샘플이 있다."

이 교수는 기다렸다는 듯이 강의자료 꾸러미에서 원산지증명서 샘플을 꺼내서 테이블 위에 올려놓았다.

"원산지증명서는 상대국의 규정이나 용도에 따라서 다양한 양식이 있는데 지금 보여주는 것은 대한상공회의소에서 발행하는 양식이다."

"원산지증명서 기재사항은 별로 어려운 것이 없네요."

"이것으로 통관에 대한 설명도 끝났다."

"그럼 무역실무가 다 끝난 건가요?"

창호의 얼굴에 안도의 빛이 스쳐갔다.

"잠깐만. 아직 한 가지가 남았다."

"그게 뭔가요?"

분쟁은 어떻게 해결하나

"무역거래를 하다보면 분쟁이나 클레임이 발생하기 마련인데 이걸 어떻게 해결하느냐가 중요하다."

"어떻게 해결하나요?"

"제일 좋은 건 분쟁이나 클레임이 발생하지 않도록 사전에 조심하는 거지만 일단 발생한 분쟁이나 클레임에 대해서는 가급적 당사자 간에 우호적으로 해결하도록 노력해야 한다."

"분쟁이나 클레임을 사전에 예방하려면 어떻게 해야 하나요?"

"자신의 잘못으로 인한 분쟁이나 클레임을 방지하려면 계약협상과 정에서부터 자신이 지킬 수 있는 계약조건인지를 꼼꼼히 살펴보고 일단 계약이 이루어지고 나면 계약조건대로 이행하도록 만전을 기해야 한다. 간혹 거래를 성사시킬 목적으로 무리한 계약조건에 합의해놓고 뒷감당을 하지 못하는 경우도 있는데 결코 바람직한 태도라고 할 수 없다."

"조심을 했는데도 불구하고 자신의 잘못으로 인해서 분쟁이나 클레임이 발생한 경우에는 어떻게 하나요?"

"자신의 잘못이 확실하다면 처음부터 자신의 잘못을 시인하고 적극적으로 문제를 해결하도록 노력해야 한다. 계약과정에서는 간이라도 내줄 듯이 달려들다가 클레임이 발생하면 모른 척하거나 시간을 질질 끄는 식으로 대처하는 것은 경계해야 한다."

"자신은 잘못한 것이 없는데 상대방의 잘못으로 인해 분쟁이나 클레임이 발생한 경우에는 어떻게 하나요?"

"일단 우호적으로 해결할 수 있도록 상대방을 설득하되 끝내 해결이 되지 않으면 어쩔 수 없이 제삼자에 의한 해결방안을 강구할 수밖에 없다."

"제삼자에 의한 해결방안에는 어떤 것들이 있나요?"

"알선, 조정, 중재, 소송 등이 있다."

"어떻게 다른가요?"

"우선 알선이란 것은 당사자의 일방 또는 쌍방의 의뢰에 따라 제삼자가 해결방안을 제시함으로써 클레임을 해결하는 방법이다."

"조정은요?"

"조정이란 당사자 쌍방의 조정합의에 따라 제삼자를 조정인으로 선임하고 조정인이 제시하는 조정안에 쌍방이 동의함으로써 클레임을 해결하는 방법이다."

"알선이나 조정으로 문제를 해결하는 데 문제점은 없나요?"

"가장 큰 문제점은 구속력이 약하다는 거다. 알선의 경우 제삼자가 제시한 해결방안을 따르지 않으면 그만이고, 조정의 경우에도 당사자 중 어느 한쪽이라도 조정안을 수락하지 않으면 조정안이 구속력을 가질 수 없다."

"결국 당사자 모두가 알선자의 의견이나 조정자의 조정안을 받아들이지 않는다면 다른 방안을 강구할 수밖에 없겠네요."

"그래서 마지막으로 사용할 수 있는 방법이 바로 중재와 소송이다."

"중재와 소송의 차이점은 뭔가요?"

"중재는 상사중재원의 판정에 따르는 것이고 소송은 법원의 판결에 따르는 것이다."

"어느 것이 유리한가요?"

"단연 중재가 유리하지."

"이유는요?"

"첫째, 시간 면에서 중재가 유리하다. 소송으로 문제를 해결하려면 삼심제(三審制)에 의해서 대법원에서 확정판결을 받아야 하지만 중재는 단심제(單審制)기 때문에 시간적으로 중재가 훨씬 유리하지."

"둘째는요?"

"둘째, 비용 면에서도 중재가 유리하다. 소송을 하려면 변호사 비용이 들어가는데 중재에는 변호사가 필요 없기 때문이지."

"또 있나요?"

"마지막으로 소송의 경우에는 가해자 국가의 대법원에서 확정판결을 받아야 강제집행이 가능하지만 중재판정의 경우에는 유엔에서 제정한 뉴욕협약에 의거 자국(自國)에서의 중재판정 결과를 가지고 외국에서도 강제집행이 가능하다는 것이다."

"피해자의 입장에서 보면 여러모로 소송보다는 중재가 유리하네요."

"그렇지. 중요한 것은 중재로 문제를 해결하기 위해서는 당사자 간에 중재판정에 따른다는 중재합의가 이루어져야 한다는 거다."

"중재합의는 언제 해야 하나요?"

"이론적으로는 분쟁이 발생한 후에라도 쌍방이 합의하면 중재에 의해서 문제를 해결할 수 있다. 하지만 일단 분쟁이 발생하고 나면 가해자가 중재합의에 동의하지 않을 가능성이 높으니까 계약시점에 미리 중재합의를 해두는 것이 바람직하다."

"중재합의는 어떤 식으로 하나요?"

"계약서에 중재(arbitration)조항을 포함시키면 된다."

"그밖에 중재와 관련해서 알아보려면 어떻게 하나요?"

"대한상사중재원 사이트(www.kcab.or.kr)에 들어가서 확인해보도록 해라."

"계약서를 법적으로 해석할 때는 어느 나라 법을 적용하게 되나요?"

"계약서에 명시해놓은 준거법을 적용하면 되지만 셀러와 바이어 모두 자국의 법을 준거법으로 하자고 주장할 가능성이 크다. 이와 같은

문제점을 해결하기 위해서 제정된 것이 비엔나협약(Vienna Convention)
이다."

"비엔나협약이 뭔가요?"

"국제물품매매계약에 관한 유엔협약(United Nations Convention on
Contracts for the International Sale of Goods)으로서, 줄여서 CISG라고
부른다. 이 법은 모든 국제물품매매계약에 공통으로 적용되는 무역계
약의 기본법이라고 할 수 있다."

"협약의 내용은 뭔가요?"

"계약의 성립, 매도인과 매수인의 의무, 계약위반과 구제수단, 위험
의 이전, 계약의 해제, 손해배상 등과 관련한 규정이 망라되어 있다."

"그럼 국제간의 물품매매계약과 관련한 분쟁이 발생하면 무조건 비
엔나협약의 적용을 받게 되나요?"

"아니다. 이 법은 유엔에서 제정한 협약이기 때문에 원칙적으로 협
약에 가입한 국가 간의 거래에만 적용이 된다."

"우리나라는 가입을 했나요?"

"우리나라는 2004년 8월에 가입서를 유엔에 기탁해서 6개월 후인
2005년 3월 1일부터 정식으로 체약국이 되었다. 그러니까 2005년 3월
1일 이후에 체약국과 체결한 무역계약은 특별한 경우를 제외하고는
비엔나협약의 적용을 받게 되었다."

"특별한 경우란 건 어떤 건가요?"

"거래당사자 간에 별도의 준거법을 정하거나 이 협약의 적용을 배제

하기로 합의하는 경우에는 적용이 배제된다. 반대로 비협약국과의 거래라도 이 협약을 적용하기로 당사자 간에 준거법 합의를 한 경우에는 이 협약이 적용된다."

"무역을 하려면 비엔나협약의 상세한 내용을 배워야겠네요."

"배워서 나쁠 건 없지만 이론적이거나 상식적인 내용이 대부분을 차지하고 있어서 굳이 자세한 내용을 몰라도 무역거래를 하는 데 큰 지장은 없다."

"하긴 어차피 법적 분쟁이 발생하면 변호사의 도움을 받아야 하니까 비엔나협약의 구체적인 내용까진 몰라도 되겠군요. 분쟁이나 클레임과 관련해서 더 해주실 말씀은 없나요?"

"이제까지 배운 것처럼 이론적으로는 다양한 해결방안이 있지만 실제로 분쟁이나 클레임이 발생하면 해결하기가 쉽지 않은 것이 엄연한 현실이다. 그러니까 앞서도 누차 강조했듯이 처음부터 너무 욕심 부리지 말고 자신이 감당할 수 있는 한도 내에서 점차적으로 거래규모를 늘려나가도록 해라."

에필로그

"드디어 무역실무의 전 과정이 끝났다."

이 교수가 테이블 위에 올려놓은 자료들을 정리하며 말했다.

"정말 이 정도만 알면 무역 일을 하는 데 아무 문제가 없나요?"

"걱정 마라. 아주 특별한 경우가 아니면 이 정도로 충분하다."

"교수님 덕분에 무역을 정말 쉽게 배운 것 같아요."

"나도 이번처럼 신나게 가르쳐본 적이 없는 것 같다."

"교수님……."

잠시 침묵이 흐른 후에 창호가 진지한 표정으로 입을 열었다.

"이제 저희 아버지에 대해서 말씀해주세요."

"……."

이 교수가 난처한 표정을 지었다.

"어머니는 아버지가 언제 어디서 어떻게 돌아가셨는지에 대해서 단 한 번도 속 시원히 말씀해주신 적이 없어요."

"그건 너희 어머니도 아버지의 죽음에 대해서 확실한 내용을 모르고 계시기 때문일 거다."

"그게 무슨 말씀이세요? 어머니가 아버지의 죽음에 대해서 잘 모르다뇨?"

"얘기가 좀 길다. 너희 아버지에 대한 얘기는 나중에 따로 들려주마. 한 가지 분명한 건……."

이 교수가 잠시 뜸을 들였다가 말을 이었다.

"너희 아버지가 우리나라를 대표하는 무역왕이었다는 사실이다."

"무역왕이라뇨?"

"무역의 지존이었다는 뜻이지. 무일푼으로 무역을 시작해서 우리나라를 대표하는 무역회사를 만들었으니 말이다. 우리나라, 아니 세계 기업 역사상 그렇게 단기간에 세계시장을 정복한 기업은 유례를 찾아보기가 힘들 정도지."

"그렇게 대단했던 회사가 왜 흔적도 없이 사라졌나요? 아버지는 왜 갑자기 돌아가시고요?"

"그건……."

이 교수는 무슨 말을 하려다가 그만두었다.

"오늘은 여기까지만 하자."

이 교수가 먼저 자리에서 일어섰다.

밖에는 어느새 짙은 어둠이 깔려 있었다. 창호는 심호흡을 한 번 크게 하고 밤하늘을 올려다보았다. 아득히 멀리 조그만 별 하나가 희미하게 깜빡거렸다. 아버지가 계신 곳에서도 저 별을 볼 수 있을까? 아버지는 한때 세계를 호령했던 무역왕이었다. 이제 막 무역현장에서 걸음마를 시작하는 아들을 지켜보며 아버지는 무슨 생각을 하고 계실까? 무역왕 김창호의 탄생을 기대하고 있지는 않을까? 창호는 한참 동안 밤하늘에서 시선을 거두지 않았다.

맺음말

무역을 고시 준비하듯 공부하는 사람들이 있다. 무역관련 강의를 반복적으로 수강하고 무역 책을 산더미처럼 쌓아놓고 머리를 싸매고 공부한다. 무역의 모든 것을 마스터하겠다는 의지를 불태우며 조금이라도 이해가 안 되는 내용이 있으면 잠을 이루지 못한다. 이런 식의 무역공부가 바람직할까? 대답은 '노'다.

무역을 완벽하게 마스터하는 것이 결코 쉬운 일이 아니며, 설사 완벽하게 마스터하더라도 실제로 무역 일을 하다보면 여기저기서 막히고 부딪치게 마련이다. 무역은 이론이 아니라 실전이기 때문이다. 운전을 배울 때 아무리 이론적으로 완벽하게 마스터하더라도 실제로 운전을 하다보면 예기치 못한 상황에 내몰리게 되는 것과 마찬가지다.

그렇다고 무역공부를 하지 말라는 얘긴 아니다. 이왕에 운전 얘기를 꺼냈으니 운전을 배우는 것에 비유해보자. 운전을 하기 위해서는 기기를 어떻게 조작하고 신호등을 어떻게 보며 차선변경을 어떻게 하고 주차는 어떻게 하는지를 우선적으로 배워야 한다. 자동차의 제작과정이나 수리방법, 자동차보험의 세부약관까지는 몰라도 운전을 하는 데 큰 지장이 없다.

무역공부도 마찬가지다. 무역을 학문의 대상으로 공부한다면 무역과 관련한 모든 것을 배워야 하겠지만 무역현장에서 일하는 데 필요한 기본지식을 습득하기 위한 목적이라면 어떻게 해외거래처를 개발해서 어떤 조건들을 협의하고 합의해서 계약을 성사시키느냐를 우선적으로 배우면 된다. 운송, 보험, 통관 등의 업무는 외부업체에서 대신 처리해주기 때문에 자세한 내용을 몰라도 되고 대금결제와 관련해서도 은행에서 처리하는 업무내용까지 속속들이 알 필요는 없다.

이 책은 무역의 기초적인 내용만 가볍게 소개하는 입문서가 아니다. 이 책은 무역현장에서 일하는 데 필요한 기본적인 실무지식을 총망라한 종합해설서다. 이 책만 가지고 무역의 모든 것을 완벽하게 마스터할 수는 없다. 하지만 무역현장에서 일하기 위한 목적으로 무역을 배운다면 이 책 한 권으로 충분하다. 더 이상 실무에서 나오지도 않는 이론이나 지엽적인 내용까지 배우느라 아까운 시간을 허비할 필요가 없다.

무역을 책으로 배우는 데는 한계가 있다. 기본적인 실무지식을 배우고 무역현장에 뛰어드는 용기가 필요하다. 이 책이 무역초보자는 물론 무역현장에서 일하는 모든 사람들에게 용기와 자신감을 심어주기를 기대해본다.

한눈으로 보는 수출입절차

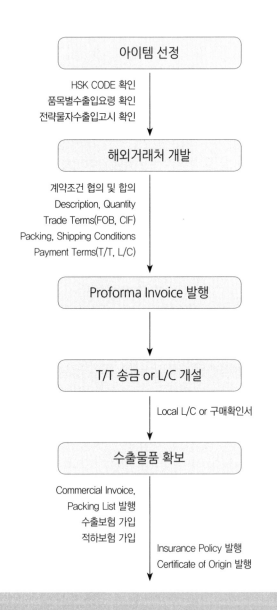

아이템 선정

HSK CODE 확인
품목별수출입요령 확인
전략물자수출입고시 확인

해외거래처 개발

계약조건 협의 및 합의
Description, Quantity
Trade Terms(FOB, CIF)
Packing, Shipping Conditions
Payment Terms(T/T, L/C)

Proforma Invoice 발행

T/T 송금 or L/C 개설

Local L/C or 구매확인서

수출물품 확보

Commercial Invoice,
Packing List 발행
수출보험 가입
적하보험 가입

Insurance Policy 발행
Certificate of Origin 발행

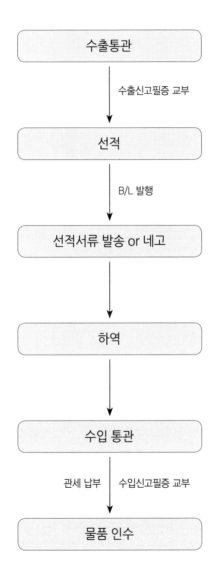

수출통관

↓ 수출신고필증 교부

선적

↓ B/L 발행

선적서류 발송 or 네고

↓

하역

↓

수입 통관

관세 납부 | ↓ 수입신고필증 교부

물품 인수

무역용어 해설

| 무역일반 |

대외무역법 수출입거래를 관리하는 기본법으로서 대외무역을 진흥하고 공정한 거래질서를 확립하여 국제수지의 균형과 통상의 확대를 도모함으로써 국민경제의 발전에 이바지함을 목적으로 함.

외국환거래법 외국환거래를 적절하게 관리함으로써 대외거래를 원활하게 하고 국제수지의 균형, 통화가치의 안정 및 외화자금의 효율적 운영을 도모하기 위한 법.

관세법 수출입물품의 통관과 관세의 부과 및 징수를 총괄하는 법으로서 수출입물품의 통관을 적절하게 하고 관세수입을 확보함으로써 국민경제의 발전을 도모하는 것을 목적으로 함.

개별법 식품위생법, 약사법, 화장품법, 전기용품안전관리법 등과 같이 무역과 직접적인 관련이 없는 법이지만 무역거래를 규제할 수 있는 법.

수출입품목관리제도 사업자등록만 하면 누구나 자유롭게 무역을 할 수 있도록 허용하지만 품목에 따라서는 수출입을 제한함으로써 국가경제나 국민을 보호하기 위한 제도.

수출입공고 수출입품목을 관리하기 위한 기본공고로서 Negative List System에 의해서 품목별로 수출입을 관리함.

통합공고 식품위생법, 약사법, 화장품법, 전기용품안전관리법, 자연환경보호법 등과 같은 개별법에 의한 품목별 수출입제한 내용을 통합하여 공고하는 것.

전략물자수출입고시 전략물자의 수출입을 통제함으로써 국제평화 및 안전과 국가안보를 유지하기 위한 규정.

위탁가공무역 외국의 가공업체에게 물품을 제조하는 데 필요한 원부자재를 공급해주고 물품을 가공하도록 한 다음 가공한 물품을 국내로 들여오거나 현지에서 제3국으로 수출하는 거래형태.

중계무역 제삼국에서 생산된 물건을 구입하여 또 다른 제삼국으로 수출하는 거래형태.

중개무역 자신이 직접 수출입거래를 하지 않고 제삼국의 수출자와 수입자 간의 거래를 중개해주고 수수료를 취하는 것.

오퍼상(Commission Agent) 외국의 수출업자를 대신해서 국내수입업자로부터 오더를 수주하고 커미션을 받는 무역에이전트.

바잉오피스(Buying Office) 외국의 수입업자를 대신해서 국내수출물품의 구매를 관리하는 무역에이전트.

OEM(주문자상표부착방식) Original Equipment Manufacturing의 약자로서 주문자가 지정한 상표를 부착하여 물건을 생산해서 공급하는 방식.

ODM(제조업자개발생산) Original Development Manufacturing의 약자로서 제조업자가 자체 개발한 기술을 바탕으로 물건을 생산하여 주문자에게 공급하는 방식.

BWT(보세창고도거래) Bonded Warehouse Transaction의 약자로서 수출자가 자신의 위험과 비용으로 수입국의 보세창고에 물품을 입고시키고 수입통관을 밟지 않은 상태에서 현지에서 물품을 판매하는 방식.

거래조건(Trade Terms) 수출자와 수입자 간의 무역거래에 따르는 비용과 위험부담을 명확히 하기 위한 조건.

결제방식(Payment Terms) 무역거래에 따르는 물품대금의 지급방식.

신용장(Letter of Credit) 개설은행에서 수출자에게 신용장에 명시된 선적서류와 상환하여 수출대금을 지급하겠다고 약속하는 증서.

선적서류(Shipping Documents) 선적사실을 확인하고 물품을 찾을 수 있도록 수출자가 수입자에게 보내주는 서류로서 상업송장(Commercial Invoice), 포장명세서(Packing List), 선하증권(Bill of Lading) 등이 있음.

샘플오더(Sample Order) 수입판매가능성을 타진하고 시장조사의 목적으로 소량의 물건을 주문하는 것.

시험오더(Trial Order) 물건을 직접 시장에 판매하면서 소비자들의 반응을 살펴보기 위해서 일정규모의 물량을 주문하는 것.

본오더(Main Order) 시험오더해서 판매해본 결과 시장성이 확인된 물건을 본격적으로 주문하는 것.

재오더(Repeat Order) 한 번 주문했던 물건을 다시 주문하는 것.

병행수입(Parallel Import) 원산지의 제조업자로부터 직접 수입하지 않고 유통시장에서 구입하여 수입하는 것.

| 거래조건 |

인코텀즈(INCOTERMS) International Commercial Terms의 약어로서 국제상업회의소(ICC; International Chamber of Commerce)에서 제정한 정형 거래조건에 관한 국제규칙(ICC rule for the use of domestic and international trade terms)으로서 보험을 누가 들지를 판단하고 수출입원가를 계산하는 기준이 됨.

EXW(공장인도조건) Ex Works의 약자로서 공장이나 창고와 같은 지정된 장소에서 수출통관을 하지 않은 물품을 인도하는 조건.

FOB(본선인도조건) Free On Board의 약자로서 지정된 선적항에서 수입자가 지정한 선박에 물품을 적재하여 인도하는 조건.

FAS(선측인도조건) Free Alongside Ship의 약자로서 지정된 선적항에서 수입자가 지정한 선박의 선측에서 물품을 인도하는 조건.

FCA(운송인인도조건) Free Carrier의 약자로서 수출국 내의 지정된 장소에서 수입자가 지정하는 운송인에게 수출통관이 완료된 물품을 인도하는 조건.

CFR(운임포함인도조건) Cost and Freight의 약자로서 선적항에서 물품을 적재하여 인도하고 지정된 목적항까지의 운임을 수출자가 부담하는 조건.

CIF(운임보험료포함인도조건) Cost Insurance and Freight의 약자로서 선적항에서 물품을 적재하여 인도하고 지정된 목적항까지의 운임과 보험료를 수출자가 부담하는 조건.

CPT(운송비지급인도조건) Carriage Paid To의 약자로서 수출자가 선택한 운송인에게 물품을 인도하고 지정된 목적지까지의 운송비를 수출자가 부담하는 조건.

CIP(운송비보험료지급인도조건) Carriage and Insurance Paid To의 약자로서 수출자가 선택한 운송인에게 물품을 인도하고 지정된 목적지까지의 운송비와 보험료를 수출자가 부담하는 조건.

DAP(도착지인도조건) Delivered At Place의 약자로서 지정된 목적지에 도착한 운송수단에서 물품을 내리지 않은 상태로 인도하는 조건.

DPU(도착지양하인도조건) Delivered at Place Unloaded의 약자로서 지정된 목적지에 도착한 운송수단에서 물품을 내려서 인도하는 조건.

DDP(관세지급인도조건) Delivered Duty Paid의 약자로서 수입통관된 물품을 지정된 목적지에 도착한 운송수단에서 내리지 않은 상태로 인도하는 조건.

| 결제방식 |

신용장 결제방식 은행에서 발행하는 신용장(Letter of Credit)에 의해서 결제하는 방식.

송금방식(T/T; Telegraphic Transfer) 은행을 통해서 상대방의 계좌로 대금을 송금하는 결제방식.

사전송금방식 물건이 선적 또는 인도되기 전에 미리 물품대금을 송금하는 방식.

사후송금방식 물건이 선적되거나 인도된 후에 물품대금을 송금하는 방식.

OA(Open Account) 사후송금방식으로 수출하고 발생한 외상수출채권을 은행과 약정을 맺고 미리 지급받는 방식.

COD(Cash On Delivery) 물품의 인도와 상환하여 물품대금을 지급하는 방식.

CAD(Cash Against Documents) 선적서류와 상환하여 물품대금을 지급하는 방식.

추심결제방식 은행에서 수입자로부터 대금을 수령하여 수출자에게 전달해주는 방식으로 D/P와 D/A로 나누어짐.

D/P(Documents Against Payment) 수입자가 물품대금을 지급하고 선적서류를 인수하는 방식.

D/A(Documents Against Acceptance) 수입자가 선적서류를 인수하고 일정기간 후에 물품대금을 지급하는 방식.

국제팩토링(International Factoring) 무신용장방식으로 수출하고 발생한 외상수출채권을 팩토링회사에 양도하고 수출대금을 지급받는 방식.

포페이팅(Forfaiting) 무역거래에서 발생하는 장기외상채권을 신용장 또는 은행에서 발행하는 지급보증서나 보증(Aval)을 근거로 포페이터(forfaitor)에게 할인양도하는 방식으로서 대금결제방식이라기보다는 금융기법의 일종임.

| 신용장(Letter of Credit) |

취소불능신용장(Irrevocable L/C) 당사자 전원의 동의가 없이는 취소가 불가능한 신용장.

화환신용장(Documentary L/C) 수출자가 물건을 선적하고 선적서류와 상환하여 대금을 지급받는 신용장.

일람불신용장(At Sight L/C) 선적서류 제시 즉시 대금이 결제되는 신용장.

기한부신용장(Usance L/C) 선적서류 제시 후 일정기간 후에 대금이 결제되는 신용장.

Shipper's Usance L/C 유선스 기간의 이자를 수출자가 부담하는 기한부신용장.

Banker's Usance L/C 유선스 기간의 이자를 수입자가 부담하는 기한부신용장으로서 수출자는 at sight L/C와 마찬가지로 선적 즉시 대금을 수령할 수 있음.

Negotiation L/C(매입신용장) 수출자가 개설은행으로부터 직접 대금을 수령하지 않고 매입은행으로부터 대금을 지급받는 신용장.

Payment L/C(지급신용장) 수출자가 개설은행의 지점 또는 예치환거래은행으로부터 수출대금을 지급받는 신용장.

양도가능신용장(Transferable L/C) 신용장 금액의 일부 또는 전부를 제삼자에게 양도할 수 있는 신용장.

확인신용장(Confirmed L/C) 개설은행과 별도로 확인은행이 신용장에 명시된 대금의 지급을 확약하는 신용장.

회전신용장(Revolving L/C) 동일한 수출자로부터 동일한 물품을 반복해서 수입할 경우 이미 사용된 신용장을 동일한 조건의 새로운 신용장으로 자동적으로 소생시키는 신용장.

견질신용장(Back to Back L/C) 원신용장(Master L/C)을 견질로 하여 원자재나 완제품공급자에게 발행하는 제2의 신용장을 뜻하며, 국내공급자를 수익자로 발행되는 Local L/C와 중계무역 시 국외공급자를 수익자로 발행되는

Sub L/C(Baby L/C)가 있음.

동시개설신용장(Back to Back L/C) 수출자가 신용장을 받은 날로부터 일정한 기일 내에 수입자에게 Counter L/C를 개설해야 신용장이 유효하다는 조건을 단 신용장.

기탁신용장(Escrow L/C) 수출대금을 수출자와 수입자가 합의한 Escrow 계정에 예치한 후 수출자가 수입자에게 Counter L/C를 발급하고 그 결제자금으로만 인출할 수 있도록 하는 신용장.

토마스신용장(Tomas L/C) 동시개설신용장과 같으나 언제까지 Counter L/C를 개설하겠다는 내용의 보증서를 제출하도록 한 신용장.

보증신용장(Stand-by L/C) 물품거래와 상관없이 순수한 보증목적으로 사용되는 신용장.

선대신용장(Red-Clause L/C) 신용장개설의뢰인의 요청에 따라 수출업자에게 수출대금의 일부 또는 전부를 선적서류제출 이전에 미리 지급받을 수 있도록 허용하는 신용장.

내국신용장(Local L/C) 수출자가 수취한 신용장을 근거로 국내의 수출용 원자재나 완제품 공급자 앞으로 발행하는 신용장.

구매확인서 수출자가 국내공급자로부터 구매하는 원자재 또는 완제품이 수출용 원자재 또는 완제품이라는 사실을 외국환은행이 증명하는 서식.

개설의뢰인(Applicant) 개설은행에 신용장 개설을 의뢰하는 수입자.

수익자(Beneficiary) 신용장에 의거해 수출을 이행하고 은행으로부터 신용장대금을 지급받는 수출자.

개설은행(Issuing Bank) 수입자의 요청에 의해 신용장을 개설해주는 은행.

통지은행(Advising Bank) 개설은행으로부터 신용장을 접수하여 수출자에게 통지해주는 은행.

확인은행(Confirming Bank) 개설은행과 별도로 신용장에 명시된 대금의 지급을 확약하는 은행.

매입은행(Negotiating Bank) 수출자로부터 신용장에 명기된 선적서류를 매입하고 수출대금을 지급해주는 은행.

상환은행(Reimbursing Bank) 매입은행이 개설은행과 거래관계가 없을 경우 제3의 은행을 통해서 수출대금의 상환이 이루어지도록 하는데 이러한 역할을 하는 은행을 상환은행이라고 하며 일명 결제은행(Settling Bank)이라고도 함.

네고(Negotiation) 매입은행에서 수출자로부터 선적서류를 매입하고 수출 대금을 지급하는 것.

신용장개설수수료(L/C Opening Charge) 개설은행에서 수입자를 대신해서 대금지급을 확약하는 데 따르는 보증료 성격으로 징수하는 수수료.

신용장통지수수료(Advising Commission) 통지은행에서 수출자에게 신용장을 통지할 때 징수하는 수수료.

신용장확인수수료(Confirmation Charge) 확인은행에서 별도의 지급확약을 해주는 대가로 징수하는 수수료.

환가료(Exchange Commission) 매입은행이 수출자에게 미리 신용장대금을 지급하고 개설은행으로부터 동 대금을 수취할 때까지의 기간에 대해서 이자 성격으로 징수하는 수수료.

미입금수수료(Less Charge) 매입은행에서 예상치 못했던 수수료가 해외은행으로부터 징수된 경우에 수출자로부터 추징하는 수수료.

지연이자(Delay Charge) 수출의 경우 개설은행으로부터 대금의 입금이 지연되거나, 수입의 경우 수입자의 대금지급이 지연될 경우에 징수하는 수수료.

대체료(In Lieu of Exchange Commission) 외화계정으로 입출금을 할 경우 은행에서 외국환매매에 따르는 이익을 얻을 수 없는 것을 보전하기 위해서 징수하는 수수료.

Draft(환어음) 수출자가 개설은행 또는 수입자 앞으로 발행하는 지급요청서.

Tenor of Draft 환어음의 지급기일.

Latest Shipment 최종선적기한.

E/D(Expiry Date) 신용장의 유효기간으로서 신용장에서 요구하는 서류를 제출하는 마감시한.

S/D(Shipping Date) 선적일자.

분할선적(Partial Shipment) 물건을 두 차례 이상 나누어 싣는 것.

환적(Transshipment) 물건을 선적항에서 도착항까지 같은 선박으로 운송하지 않고 중간 기착지에서 다른 선박에 옮겨 싣는 것.

원산지(Origin) 물품이 생산된 국가.

선적지(Shipping Port) 물건이 선적되는 곳.

도착지(Destination) 물건이 도착할 곳.

신용장통일규칙 신용장에 대한 각기 다른 해석으로 인해 발생하는 분쟁에 대비하기 위해서 국제상업회의소(International Chamber of Commerce)에서 제정한 신용장의 해석기준.

| 무역계약 |

Offer(오퍼) 수출자가 수입자에게 수출할 물건의 명세, 가격, 납기 등의 제반 거래조건을 제시하는 것.

Offer Sheet(물품매도확약서) 오퍼의 내용을 명시하여 발행하는 서식.

Proforma Invoice(견적송장) 수출자가 수입자와 합의한 계약조건을 명시하여 발행하는 서식.

Purchase Order(주문서) 수입자가 수입할 물품의 명세와 계약조건을 명시하여 발행하는 서식.

클레임(Claim) 계약당사자 중 한 쪽에서 계약을 제대로 이행하지 않았을 때 피해자가 상대방에게 손해보상을 청구하는 권리 또는 손해배상을 요구하는 것.

알선(Intermediation) 당사자의 일방 또는 쌍방의 의뢰에 따라 상공회의소, 상사중재원 등과 같은 기관에서 타협안을 제시함으로써 클레임을 해결하는 방식.

조정(Conciliation) 당사자 쌍방의 조정합의에 따라 공정한 제3자를 조정인으로 선임하여 분쟁해결방안을 제시해줄 것을 요청하고, 조정인이 제시하는 조정안에 쌍방이 동의함으로써 클레임을 해결하는 방법.

중재(Arbitration) 당사자 쌍방의 중재합의에 의하여 공정한 제3자를 중재인으로 선정하고, 중재인이 내린 중재판정에 무조건 복종함으로써 분쟁을 해결하는 방식.

소송(Litigation) 사법기관의 판결에 의하여 무역클레임을 강제적으로 해결하는 방법.

뉴욕협약(New York Convention) 공식명칭은 United Nations Convention on the Recognition and Enforcement of Foreign Arbitral Awards(외국중재판정의 승인 및 집행에 관한 유엔협약)이며, 체약국 내의 중재판정의 결과는 외국에서도 강제집행이 가능하도록 규정해 놓았음.

비엔나협약(Vienna Convention) 공식명칭은 United Nations Convention on Contracts for the International Sales of Goods(CISG; 국제물품매매에 관한 유엔협약)이며, 모든 국제물품계약에 공통적으로 적용되는 기본법으로서 매도인과 매수인의 권리와 의무에 관한 규정을 담고 있음.

| 선적서류 |

상업송장(Commercial Invoice) 물품명세서와 대금청구서의 용도로 수출자가 발행하는 서식으로서 물품의 명세, 수량, 단가 및 총 금액을 표시.

Description 물건의 명세.

Quantity 물건의 양.

Unit Price 물건의 단가.

Amount 물건의 총액.

포장명세서(Packing List) 물품의 포장명세, 무게, 부피 등을 표시한 포장내역서.

Net Weight 물건의 순중량.

Gross Weight 물건의 순중량에 포장용기의 중량을 합한 중량.

Measurement 물건의 부피.

CBM(Cubic Meter) 가로, 세로, 높이가 각각 1m일 때의 부피단위.

선하증권(B/L; Bill of Lading) 해상운송계약에 따라 화물을 인수하고 증권에 기재된 조건에 따라 운송하며 지정된 목적항에서 증권의 정당한 소지인에게 화물을 인도할 것을 약정하는 유가증권.

Original B/L 흔히 '오비엘'이라고 부르는 선하증권의 원본.

Master B/L 선박회사에서 포워더에게 발행하는 B/L.

House B/L Forwarder B/L이라고도 불리며 Master B/L을 근거로 포워더

가 화주에게 발행하는 B/L.

Third Party B/L B/L상의 선적인이 계약당사자가 아닌 제3자가 되는 것.

Stale B/L 신용장에 명시된 제시시한이 경과한 B/L.

항공화물운송장(AWB; Air Waybill) 화물을 인수하였음을 증명하고 동 화물을 항공으로 운송하여 운송장에 명시한 수하인에게 인도할 것을 약정하는 운송계약증서.

해상화물운송장(SWB; Sea Waybill) 화물을 인수하였음을 증명하고 동 화물을 해상으로 운송하여 운송장에 명시한 수하인에게 인도할 것을 약정하는 운송계약증서.

보험증권(Insurance Policy) 보험회사에서 발행하는 손해보장확인증서.

원산지증명서(Certificate of Origin) 물품의 원산지를 확인하기 위해서 수출국의 상공회의소나 관련 관공서에서 발급하는 증명서.

검사증명서(Inspection Certificate) 수입자가 지정하는 검사기관에서 수출품 선적 전에 수출품의 품질이나 수량을 검사하고 이상이 없음을 확인해주는 증명서.

| 포장 |

Individual Packing 개별 물품에 대한 포장.

Inner Packing 개별물품을 일정량씩 포장하는 중간포장.

Export Packing 수출용포장.

Export Carton Box 수출포장용 카튼박스.

화인(Shipping Mark) 화물의 포장박스 표면에 수입자의 상호, 도착항, 아이템번호, 포장일련번호, 원산지 등을 표기하는 것.

| 운송 |

컨테이너운송 화물을 컨테이너에 적재하여 운송하는 방식.

벌크(Bulk)운송 광물이나 곡물 등과 같은 화물을 야적상태로 운송하는 방식.

복합운송(Multimodal Transport) 하나의 운송계약에 의거 서로 다른 두 가지 이상의 운송수단을 사용하여 화물을 운반하는 것.

복합운송주선업자(Forwarder) 운송과 관련된 모든 업무를 일괄해서 대행해주는 업체.

수하인(Consignee) B/L상에 명시된 화물의 수취인.

통지인(Notify Party) 선박회사에서 물건을 찾아가라고 연락해주는 대상.

S/R(선복신청서) Shipping Request의 약자로서 선박회사에 화물을 선석할 공간을 요청하는 서류.

S/O(선적지시서) Shipping Order의 약자로서 선박회사에서 화물을 선박에

포장

운송

적재하여 목적지까지 운송할 것을 선장에게 지시하는 서류.

M/R(본선인수증) Mate's Receipt의 약자로서 일등항해사가 화물수령의 증거로 발행하는 서류.

D/R(부두수취증) Dock Receipt의 약자로서 컨테이너 화물을 부두에서 수령했다는 증거로 발행하는 서류.

Arrival Notice(화물도착통지서) 운송업체에서 선박의 도착스케줄을 화주에게 통보해주는 서류.

D/O(화물인도지시서) Delivery Order의 약자로서 선주나 그 대리점이 본선의 선장에게 화물의 인도를 지시하는 서류.

Clean B/L 선적지시서에 기재된 내용과 화물이 일치하고 포장에 이상이 없어 선하증권에 아무런 하자표시가 들어있지 않은 무하자 선하증권.

Unclean B/L 화물의 수량 및 성질 등에 하자가 있을 경우 선하증권에 하자표시를 한 하자선하증권.

L/I(파손화물보상각서) Letter of Indemnity의 약자로서 하자물품을 선적할 경우에 Clean B/L을 받기 위해서 Shipper가 선박회사에 책임을 전가시키지 않겠다고 서약하는 서류.

L/G(수입화물선취보증서) Letter of Guarantee의 약자로서 수입자와 신용장 개설은행이 연대하여 선박회사에 선하증권 원본이 도착하는 대로 이를 제출할 것과 선하증권 원본 없이 물건을 인도받는 데 따른 모든 문제에 대해서 선박회사에게 책임을 지우지 않겠다고 보증하는 서류로서 인근국가 간의 신용

장방식에서 서류보다 물건이 먼저 도착함으로써 수입자가 물건을 제때 인수할 수 없을 때 사용함.

Surrendered B/L Original B/L의 발행을 포기하거나 이미 발행된 경우 이를 선박회사에 반납하는 것을 뜻하며, 인근국가 간의 거래에서 물건 도착 즉시 선하증권 사본을 제시하고 물건을 찾고자 할 때 사용함.

Switch B/L 중계무역거래에서 중계무역업자가 제3국의 수출자로부터 받은 선하증권을 선박회사에 반납하고 새로운 선하증권을 발급받는 것을 뜻하며, 최종수입자에게 수출자가 노출되는 것을 방지하기 위해서 선하증권에 명시된 선적인(shipper)을 바꾸기 위한 목적으로 사용함.

T/R(수입담보물대도) Trust of Receipt의 약자로서 수입자가 물품대금을 지급하기 전에 은행이 담보권을 확보한 상태에서 수입자에게 수입물품을 통관해서 처분할 수 있도록 허용하는 것.

FCL(Full Container Load) 단독으로 컨테이너를 채울 수 있는 화물.

LCL(Less than Container Load) 단독으로 컨테이너를 채울 수 없어서 다른 화주의 화물과 함께 실어야 하는 소량화물.

CT(Container Terminal) 컨테이너전용부두에 설치되어 있는 컨테이너 집결지를 뜻하며, 수출화물이 선적되기 전이나 수입화물이 하역되어 대기하는 장소임.

CY(Container Yard) 컨테이너터미널 내에 위치한 컨테이너야적장으로서 수출 시 선박에 컨테이너를 싣기 전이나 수입 시 선박에서 내린 컨테이너를

운송

모아두는 장소를 뜻함.

CFS(Container Freight Station) 복수의 송화인으로부터 LCL 화물을 인수해서 컨테이너에 적재하는 작업을 하거나, 수입된 LCL 화물을 컨테이너에서 하역하는 작업을 하는 장소로서 컨테이너작업장이라고 부름.

ICD(Inland Container Depot) 내륙에 위치한 컨테이너기지로서 항구나 공항과 마찬가지로 컨테이너 화물처리를 위한 시설을 갖추고 수출입화물의 통관, 화물집하, 보관, 분류, 간이운송, 관세환급 등 종합물류터미널로서의 기능을 다하는 지역을 일컬음.

Freight Prepaid 운송 전에 운임을 미리 결제하는 것.

Freight Collect 운송이 완료된 후에 운임을 결제하는 것.

선적통지(Shipping Notice) 수출자가 수입자에게 선적스케줄을 통보하는 것.

ETD(Estimated Time of Departure) 예상출항일자.

ETA(Estimated Time of Arrival) 예상도착일자.

분할선적(Partial Shipment) 물건을 두 차례 이상 나누어 싣는 것.

환적(Transshipment) 물건을 선적항에서 도착항까지 같은 선박으로 운송하지 않고 중간 기착지에서 다른 선박에 옮겨 싣는 것.

BAF(Bunker Adjustment Factor) 선박의 주원료인 벙커유 가격변동에 따르는 손실을 보전하기 위해서 부과하는 유류할증료.

EMS(Emergency Bunker Surcharge) 전쟁이나 분쟁, 산유국의 담합으로 유가가 폭등할 경우 긴급 부과하는 할증료.

CAF(Currency Adjustment Factor) 운임표시 통화의 가치하락에 따른 손실을 보전하기 위해서 부과하는 통화할증료.

THC(Terminal Handling Charge) 수출화물의 경우 CY에 입고된 시점부터 본선선측에 도착할 때까지, 수입화물의 경우 본선선측에서부터 CY에 입고될 때까지 화물의 이동에 따르는 화물처리비용.

CCC(Container Clearing Charge) 컨테이너 청소비용.

WFG(Wharfage) 항만운영업자가 부두사용료조로 부과하는 요금.

DOC Charge(Document charge) 수출 시 B/L, 수입 시 D/O를 발급해줄 때 징수하는 서류발급비.

DOC Fee(Document Fee) 포워더가 징수하는 서비스 비용.

Storage Charge 화물이 입고돼서 출고될 때까지 보관료조로 터미널에서 화주에게 징수하는 비용.

Demurrage Charge 컨테이너를 정해진 기간 내에 가져가지 않을 때 선박회사가 화주에게 부과하는 비용. Bulk cargo의 경우에는 정해진 기간 내에 선적이나 하역을 하지 못해서 선박의 출항이 지연되는 경우 선박회사에서 화주에게 부과하는 체선료를 뜻함.

Detention Charge 컨테이너를 정해진 기간 내에 반납하지 않을 때 지연된 반납에 대한 피해보상 명목으로 선박회사에서 화주에게 부과하는 비용.

Free Time 컨테이너를 가져가거나 반납할 때까지 별도의 비용을 부과하지 않고 허용해주는 기간.

운송

| 보험(Insurance) |

적하보험 운송 중에 발생하는 물품의 분실이나 파손을 보상해주는 보험.

Insurer 보험자 즉 보험회사.

Insured 피보험자 즉 보험에 드는 자.

Insured Amount 보험금액.

Insured Premium 보험료.

Insurance Policy 보험증권.

전손(Total Loss) 물건의 전부가 멸실되거나 손상 정도가 심해서 구조나 수리비가 보험에 든 금액보다 큰 경우.

현실전손(Actual Total Loss) 물건이 현실적으로 존재할 수 없을 정도로 심한 손상을 입거나 멸실된 경우.

추정전손(Constructive Total Loss) 물건이 손실 또는 손상되어 수리비용, 보험금이 수리 후의 화물의 가치를 초과하여 전손으로 추정될 정도의 손해를 입은 경우.

분손(Partial Loss) 물건의 일부만이 손상된 경우.

단독해손(Particular Average) 손해를 입은 구성원의 단독부담으로 돌아가는 손해.

공동해손(General Average) 해상에서 위험에 처한 선박을 구하기 위해서 일부를 희생시킴으로써 발생한 손해를 공동으로 부담하는 것.

무역보험 수출입거래에서 발생하는 다양한 위험 중에서 적하보험에서 커버되지 않는 위험으로 인한 손실을 보상해주는 보험.

수출보험 수출거래에서 발생하는 다양한 위험 중에서 적하보험에서 커버되지 않는 위험으로 인한 손실을 보상해주는 보험.

수입보험 수입거래에서 발생하는 다양한 위험 중에서 적하보험에서 커버되지 않는 위험으로 인한 손실을 보상해주는 보험.

단기수출보험 결제기간이 2년 이내인 수출계약을 체결한 후 수출이 불가능하게 되거나 수출대금을 받을 수 없는 경우의 손실을 보상해주는 보험.

중장기수출보험 결제기간이 2년을 초과하는 수출계약을 체결한 후 수출이 불가능하게 되거나 수출대금을 받을 수 없는 경우의 손실을 보상해주는 보험.

환변동보험 수출입거래에서 발생하는 환율변동으로 인한 손실을 보상해주는 보험.

| 통관(Customs Clearance) |

통관(Customs Clearance) 무역관련법령에 의거 물품의 수입과 수출에 따른 각종 규제사항을 확인하고 관세를 부과하기 위한 세관의 통과절차.

관세(Customs Duty) 수입물품에 대해 과세하는 세금.

HS(Harmonized System) 무역서류와 통계자료의 통일성을 기하고자 관세

협력이사회가 제정한 국제적인 통일상품분류체계.

HSK(The Harmonized System of Korea) HS를 우리나라의 실정에 맞게 보완한 것으로서 수출입화물을 10자리의 숫자로 분류함.

수출신고(Export Declaration) 외국에 수출하는 물건의 명세와 거래조건 등을 세관장에게 서면으로 신고하는 것.

수입신고(Import Declaration) 외국으로부터 수입하는 물건의 명세와 거래조건 등을 세관장에게 서면으로 신고하는 것.

수출신고필증 세관장이 수출자에게 수출이 허가되었음을 증명해주는 서류.

수입신고필증 세관장이 수입자에게 수입이 허가되었음을 증명해주는 서류.

보세제도 외국물품에 대한 관세의 징수를 일정기간 유보하는 제도.

보세구역(Bonded Area) 수출신고를 마친 수출품이나 수입신고를 하기 전의 수입품을 보관하는 장소.

보세창고(Bonded Warehouse) 외국물품 또는 통관을 하고자 하는 물품을 일시적으로 보관하기 위한 장소.

보세운송(Bonded Transportation) 수출신고를 마친 수출품이나 수입신고를 하기 전의 수입품을 운송하는 것.

관세환급 수입 시 징수한 관세를 특정한 요건에 해당하는 경우에 전부 또는 일부를 되돌려주는 것. 주로 수출품의 제조에 사용한 원재료를 수입할 때 납부한 관세를 되돌려주는 것을 일컬음.

개별환급 수출품을 제조 또는 가공할 때 사용한 원재료를 수입할 때 납부한 관세 등의 세액을 사용한 원재료별로 확인하고 계산하여 환급금을 산출하는 방식.

간이정액환급 수출품목별로 환급해줄 금액을 미리 정하여 간이정액환급률표를 작성해 놓고 소요원재료별 납부세액을 일일이 계산하지 않고 간이정액환급률표에 기재된 환급금액을 그대로 환급해주는 방식.

소요량증명서 무역금융이나 관세환급을 받기 위해서 수출품을 생산하는 데 필요한 원자재의 양을 확인하여 발급하는 증명서.

분할증명서(분증) 외국에서 수입한 원료를 제조 또는 가공하지 않고 수입한 그대로 수출용원재료로 국내에서 공급하는 경우 해당 원료를 수입할 때 납부한 관세 등의 세액을 증명하는 서류.

기초원재료 납세증명서(기납증) 외국에서 수입한 원재료를 가공한 중간원재료를 국내에서 공급받아 수출품을 제조 또는 가공하는 경우 중간원재료의 국내공급업자가 원재료를 수입할 때 납부한 관세 및 내국세의 세액을 증명해주는 서류.

평균세액증명서 수출용원재료를 HSK 10단위별로 통합함으로써 규격 확인을 생략하고 전체 물량의 단위당 평균세액을 산출하여 증명하는 서식으로서 개별환급절차를 간소하게 하기 위해서 고안된 제도임.

통관

중앙경제평론사 Joongang Economy Publishing Co.
중앙생활사 | 중앙에듀북스 Joongang Life Publishing Co./Joongang Edubooks Publishing Co.

중앙경제평론사는 오늘보다 나은 내일을 창조한다는 신념 아래 설립된 경제·경영서 전문 출판사로서
성공을 꿈꾸는 직장인, 경영인에게 전문지식과 자기계발의 지혜를 주는 책을 발간하고 있습니다.

인코텀즈 2020 무역왕 김창호 〈최신 개정판〉

초판 1쇄 발행 | 2014년 2월 20일
초판 5쇄 발행 | 2018년 3월 15일
개정초판 1쇄 인쇄 | 2020년 5월 10일
개정초판 1쇄 발행 | 2020년 5월 15일

지은이 | 이기찬(KeeChan Lee)
펴낸이 | 최점옥(JeomOg Choi)
펴낸곳 | 중앙경제평론사(Joongang Economy Publishing Co.)

대 표 | 김용주
편 집 | 한옥수·유라미
디자인 | 박근영
마케팅 | 김희석
인터넷 | 김회승

출력 | 한영문화사 종이 | 한솔PNS 인쇄·제본 | 한영문화사

잘못된 책은 구입한 서점에서 교환해드립니다.
가격은 표지 뒷면에 있습니다.

ISBN 978-89-6054-245-7 (03320)

등록 | 1991년 4월 10일 제2-1153호.
주소 | ⑨ 04590 서울시 중구 다산로20길 5(신당4동 340-128) 중앙빌딩
전화 | (02)2253-4463(代) 팩스 | (02)2253-7988
홈페이지 | www.japub.co.kr 블로그 | http://blog.naver.com/japub
페이스북 | https://www.facebook.com/japub.co.kr 이메일 | japub@naver.com
♣ 중앙경제평론사는 중앙생활사·중앙에듀북스와 자매회사입니다.

※ 이 도서의 국립중앙도서관 출판시도서목록(CIP)은 서지정보유통지원시스템 홈페이지(http://seoji.nl.go.kr)와
국가자료공동목록시스템(http://www.nl.go.kr/kolisnet)에서 이용하실 수 있습니다.(CIP제어번호:CIP2020010017)

중앙경제평론사에서는 여러분의 소중한 원고를 기다리고 있습니다. 원고 투고는 이메일을 이용해주세요.
최선을 다해 독자들에게 사랑받는 양서로 만들어드리겠습니다. **이메일** | japub@naver.com